Jeannine VILLANI
Conseillère pédagogique à Marseille

FICHES D'ACTIVITÉS GRAPHIQUES

à l'usage des enseignants des Écoles Maternelles
(toutes sections)
et du Cycle Préparatoire

NATHAN

AVANT-PROPOS

Attrayants dans leur réalisation, inattendus et colorés une fois achevés, ces jeux, tout en divertissant, développent les capacités perceptives, motrices, intellectuelles de l'enfant et favorisent l'expression plastique.

LE FICHIER

LES FICHES

Elles sont classées en cinq séries : jeu d'arabesque, jeu de ligne ininterrompue, jeu de contours, jeu de courbes, jeu de droites sans que cela indique une progression à suivre. Chaque série vise des objectifs précis, ainsi :

- *jeu d'arabesque :* continuité souple du geste, croisements, changements de direction, prise de conscience des frontières, recherche de l'harmonie de la forme ;
- *jeu de ligne ininterrompue :* les lignes droites : freiner, interrompre, reprendre, changer de direction. Les lignes courbes : continuité du geste, mouvement répétitif et rythmé ;
- *jeu de contours :* contraintes graphiques spécifiques à la forme initiale, régularité des tracés, agrandissements ;
- *jeu de courbes :* souplesse du mouvement, contrôle de la trajectoire, superposition de tracés ;
- jeu de droites : continuité du geste, assurance, maîtrise de la trajectoire.

Sur chaque fiche figure l'explication du jeu, c'est-à-dire les étapes de réalisation, pour l'enseignant, et une ou deux réalisations par des enfants de moyenne section et de grande section.

LE MATÉRIEL

- *Pour le graphisme*
  1. des supports variés : papier de formats, formes, couleurs, qualités variés (format minimum (20/30 cm) ;
  2. des scripteurs variés : feutres fins ou épais, marqueurs, craies grasses, pinceaux, etc.

 ISBN. 2.09.146 349.3

Jeu de droites

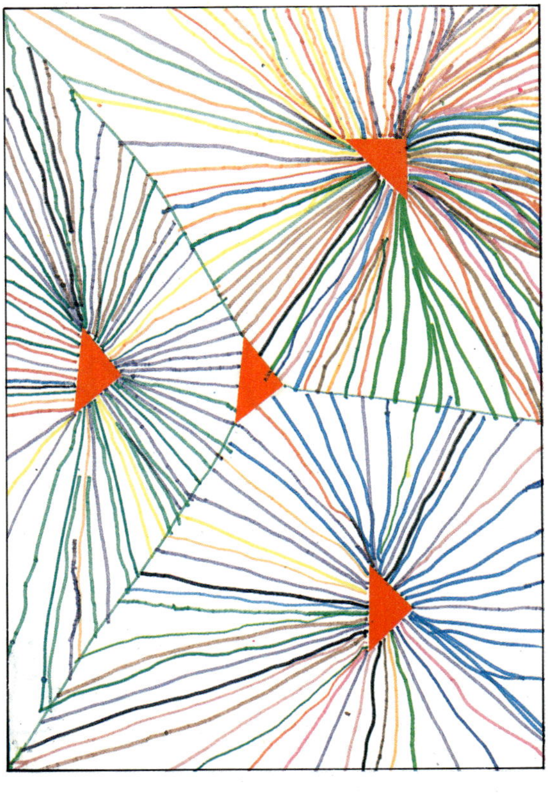

coton-tige

Jeu de courbes

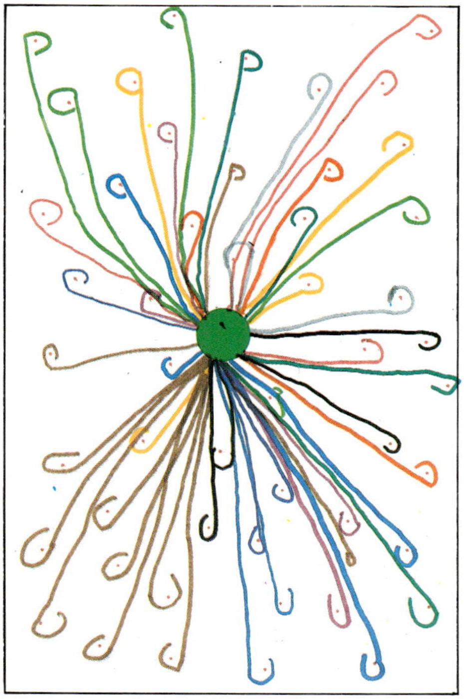

Jeu de ligne ininterrompue

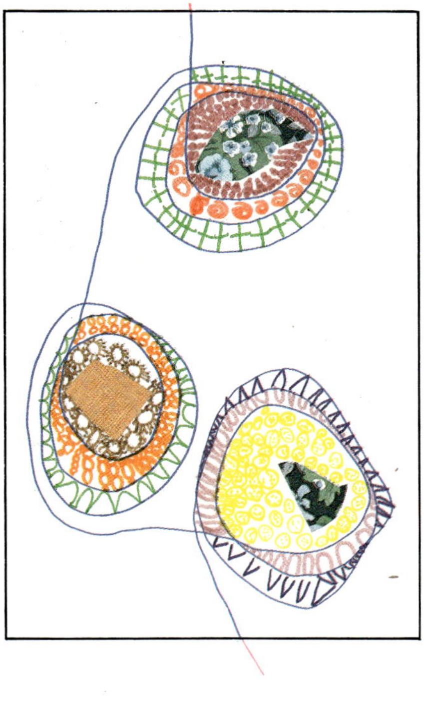

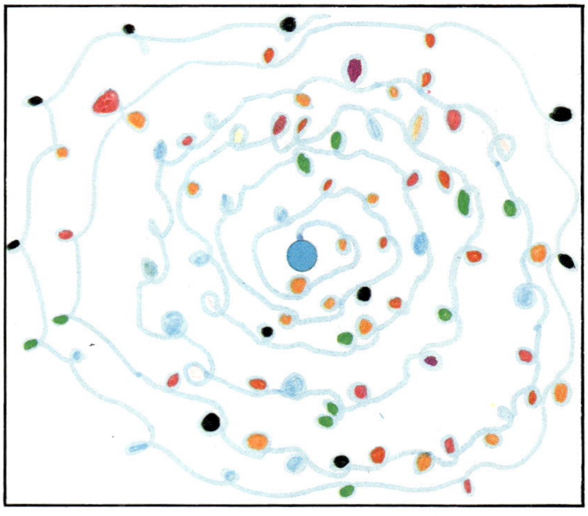

Jeu de contours

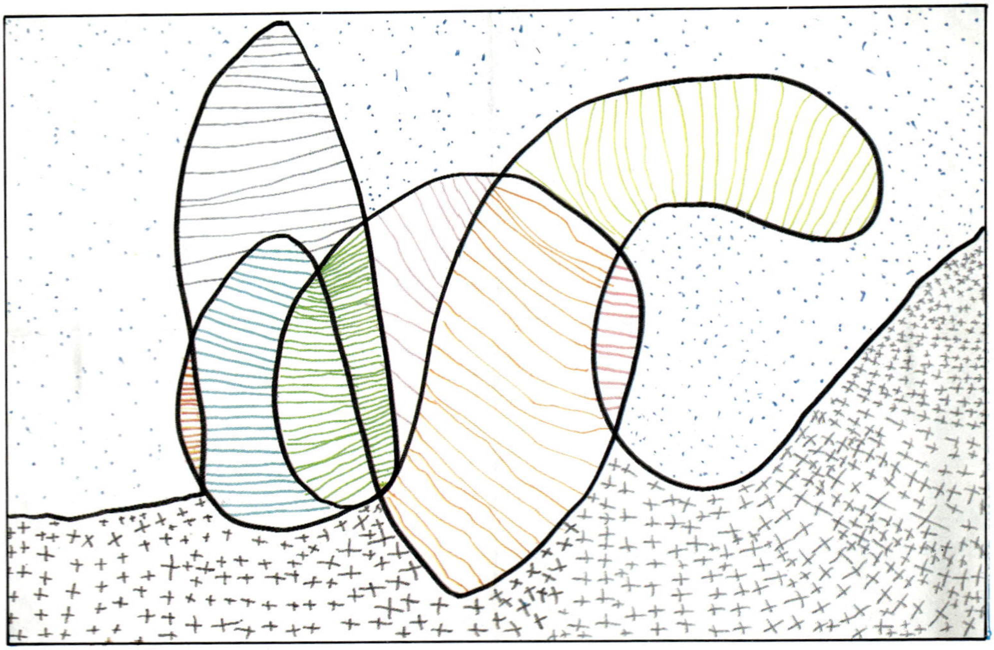

Jeu d'arabesque

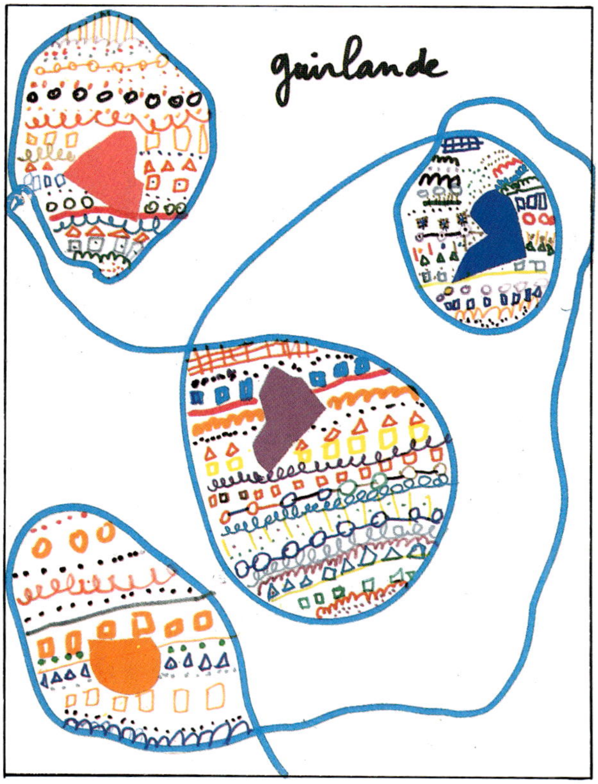

LÉGENDE

• Ces symboles figurent au haut de chaque fiche. Ils indiquent quel matériel utiliser ou quelle opération effectuer dans les exercices proposés.

Feutre.

Feutre ou (ou et) pinceau.

Découpage et collage.

Gommettes.

Découpage et collage
ou (ou et) gommettes.

• Les lettres capitales en haut à droite de chaque fiche indiquent la (ou les) section(s) plus particulièrement concernée(s) par les exercices.

M. Section des moyens.

G. Section des grands.

CP. Cours préparatoire.

SOMMAIRE

- *Pour la décoration libre*
  1. tous les outils à impression,
  2. les matériaux variés : papiers, gommettes, perles... et les scripteurs cités.

LA RÉALISATION

Les jeux demandent d'abord à l'enfant de respecter une *règle,* puis, pour la plupart, de réaliser une *décoration libre.*

Pour cela, l'enfant :
— oriente sa feuille à sa convenance,
— utilise les couleurs de son choix (couleurs différentes ou couleur unique),
— réalise une décoration libre, avec la possibilité de faire :
  - du graphisme libre,
  - des impressions libres,
  - des collages libres

  (en choisissant une seule technique ou en associant plusieurs techniques).

C'est une activité individuelle. Quelquefois, si le type du jeu s'y prête, cette activité peut être *collective* (sur grand format).

Les jeux graphiques favorisent l'expression graphique enfantine. Ils divertissent les enfants parce qu'ils permettent d'associer au graphisme d'autres techniques manuelles, d'utiliser des supports, des formats, des scripteurs, des matériaux variés ; de produire des tracés inhabituels et des effets parfois insolites par le jeu des combinaisons de lignes ; de collaborer quelquefois à une œuvre commune.

LE CAHIER

Le cahier de 16 pages, en couleurs, joint aux fiches, contient un grand nombre d'œuvres enfantines réalisées par des enfants de moyennes et grandes sections des écoles maternelles. Elles sont présentées par double page dont chacune illustre concrètement les cinq types de jeux graphiques traités dans les fiches : jeu d'arabesque, jeu de ligne ininterrompue, jeu de contours, jeu de courbes, jeu de droites.

La richesse, la finesse, l'originalité de ces productions sont étonnantes, émouvantes ; elles nous mettent face aux possibilités graphiques et créatives des jeunes enfants.

JEU D'ARABESQUE

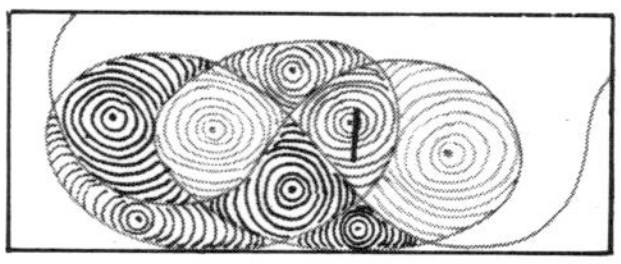

Sections : M.G.CP

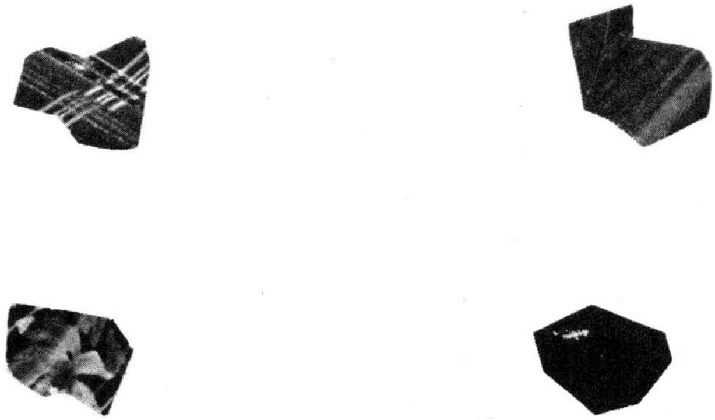

1. L'enfant découpe ou déchiquète 3, 4 ... formes quelconques (papier...). Il les colle n'importe où sur la feuille : elles ne doivent ni se toucher ni toucher un des bords de la feuille.

2. Partant d'un bord quelconque de la feuille, l'enfant trace une arabesque entourant assez loin chaque forme collée (ordre quelconque), et sortant par un bord quelconque de la feuille.

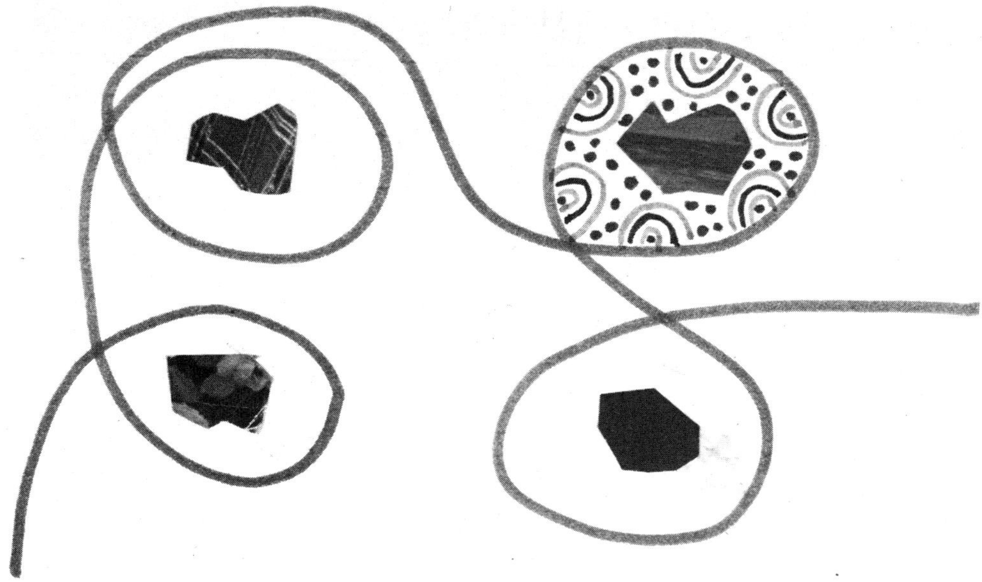

3. Il décore librement les surfaces entre son trait et ses collages.

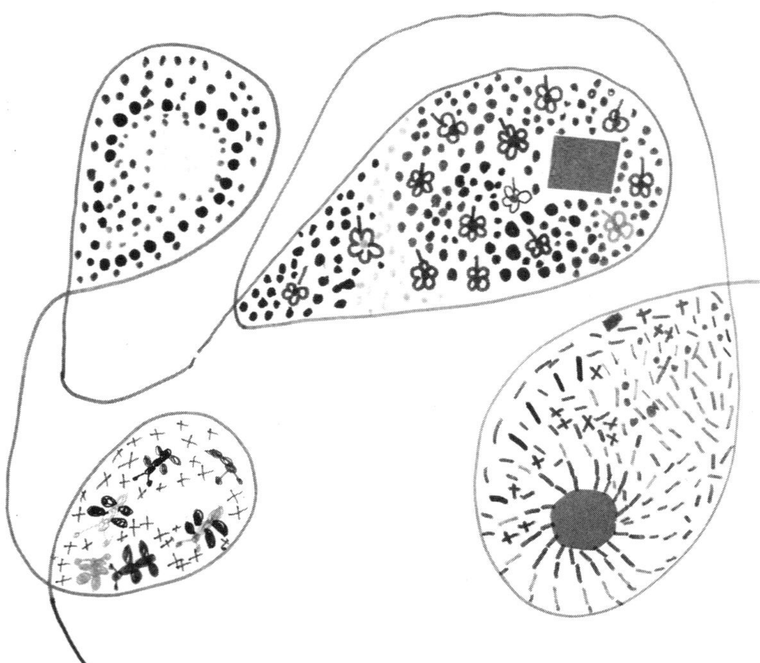

Section des moyens
Format 30/36 cm

collage : papier
scripteurs : feutres

JEU D'ARABESQUE
2

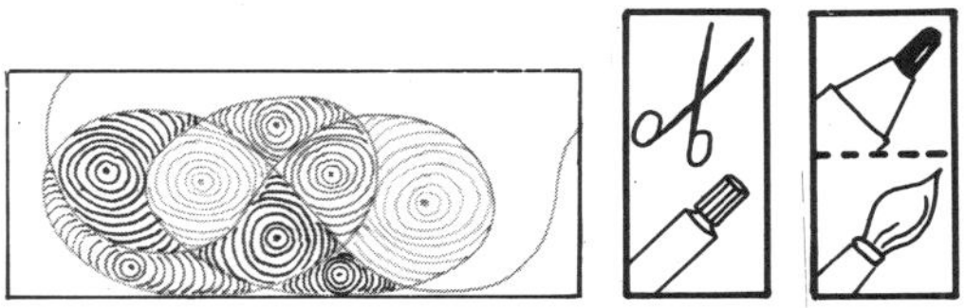

Sections : M.G.CP

1. Sur pliages quelconques de la feuille, l'enfant découpe ou déchiquète des formes quelconques. Il peut faire un collage (papier... tissu...) au dos de la feuille.

2. Partant d'un bord quelconque de la feuille, il trace une arabesque entourant assez loin chaque trou (ordre quelconque), et sortant par un bord quelconque de la feuille.

3. Décoration libre des surfaces entre son trait et les trous.

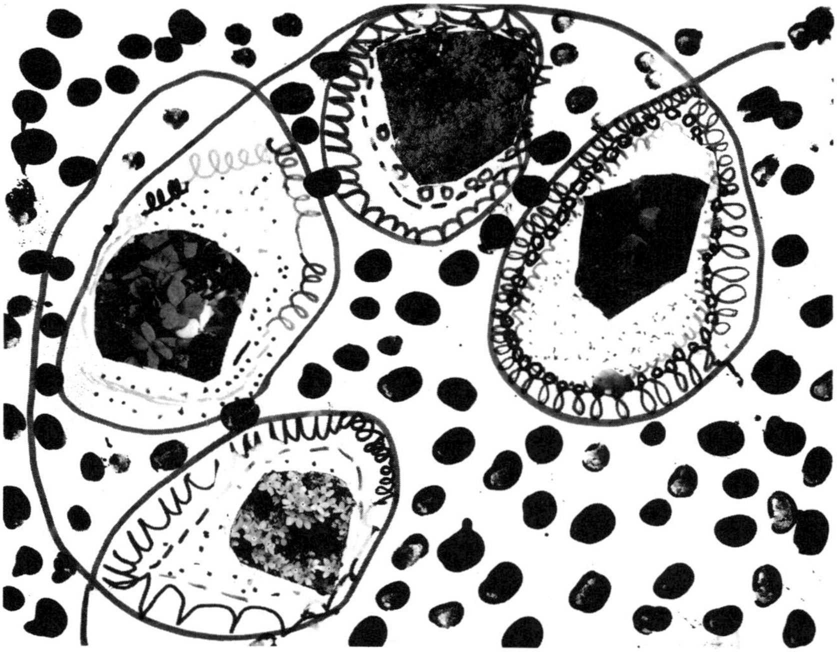

Section des moyens
Format 25/30 cm

collage : papier de catalogue
scripteurs : feutres
peinture au doigt

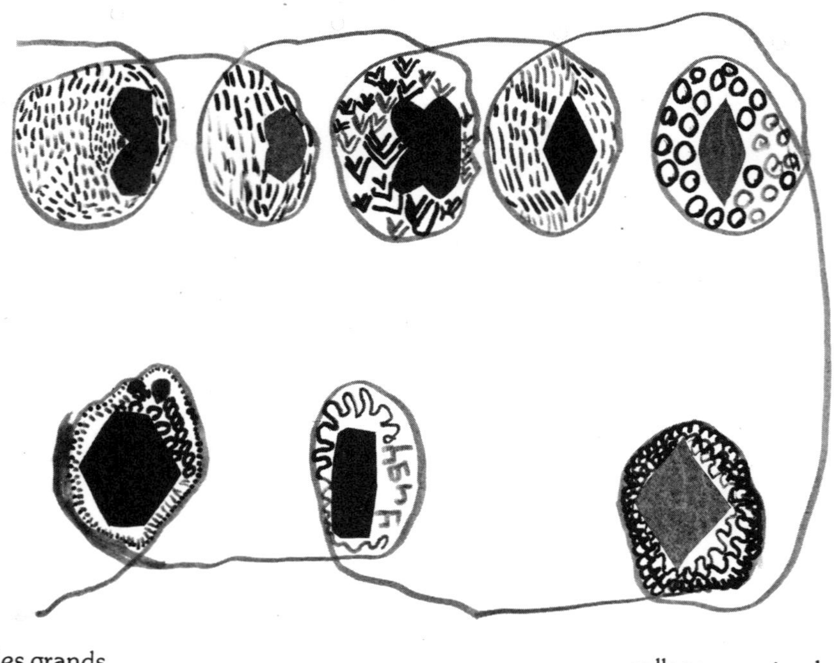

Section des grands
Format 24/32 cm

collage : papier de soie
scripteurs : feutres

JEU D'ARABESQUE

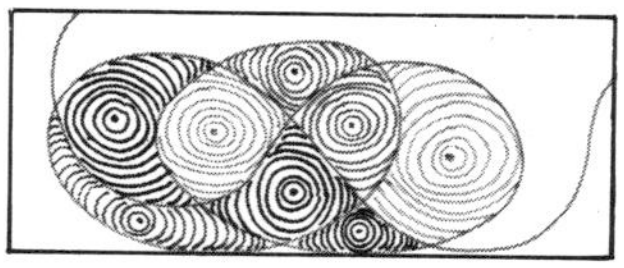

Sections : M.G.CP

1. Partant d'un bord quelconque de la feuille, l'enfant trace une arabesque qui sort par un bord quelconque.

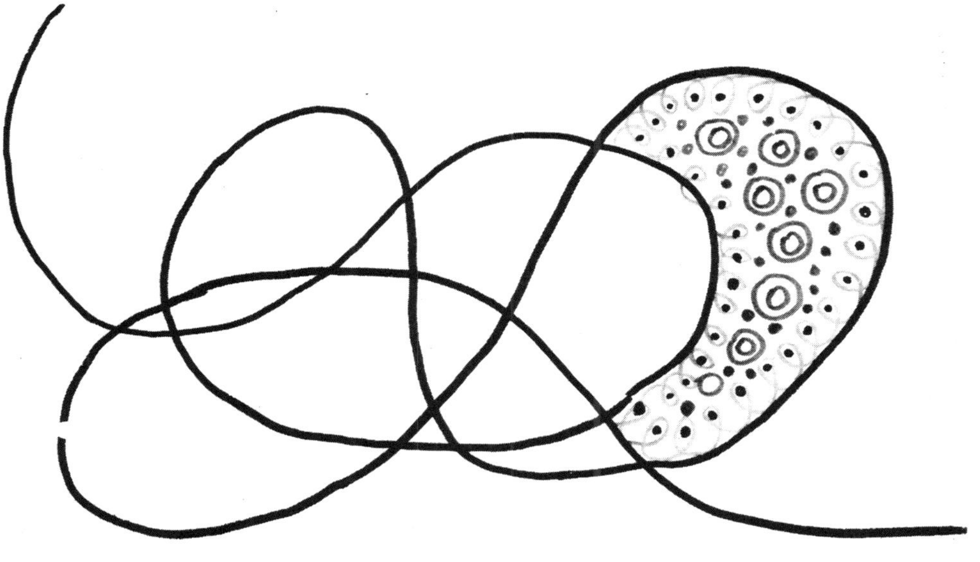

2. L'enfant décore librement les formes obtenues.

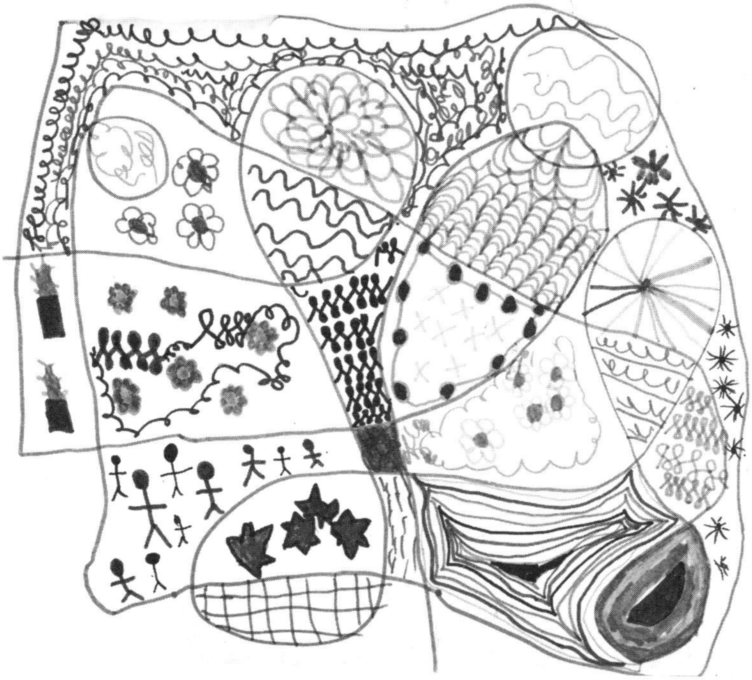

Section des moyens
Format 30/40 cm

scripteurs : feutres
collage : papier
fond à l'éponge

Section des grands
Format 30/34 cm

scripteurs : feutres

JEU D'ARABESQUE

4

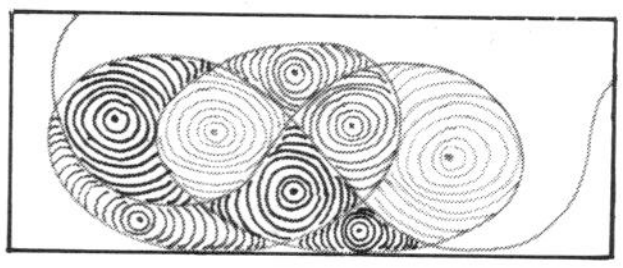

Sections : M.G.CP

Exemples de différents types de décoration

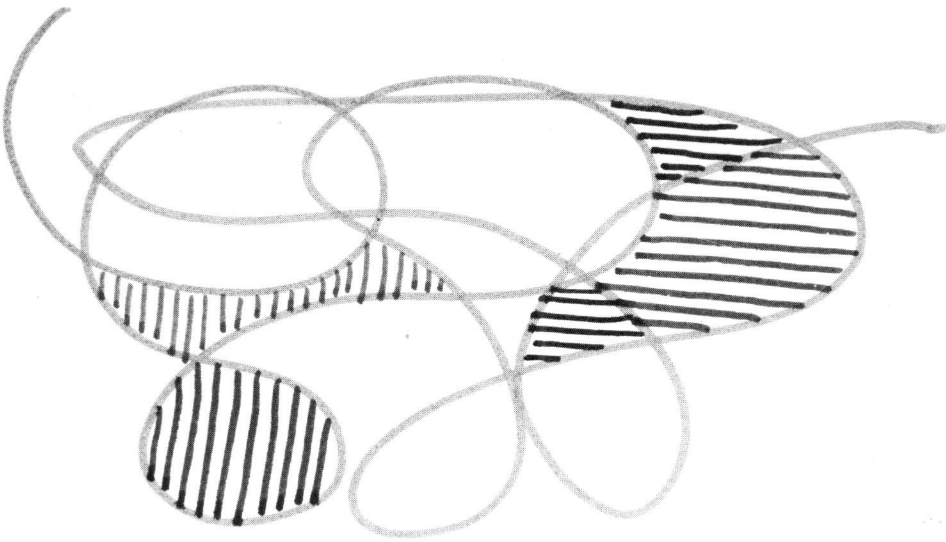

Dans chaque forme, l'enfant trace des traits verticaux ou horizontaux, ou des traits verticaux et horizontaux.

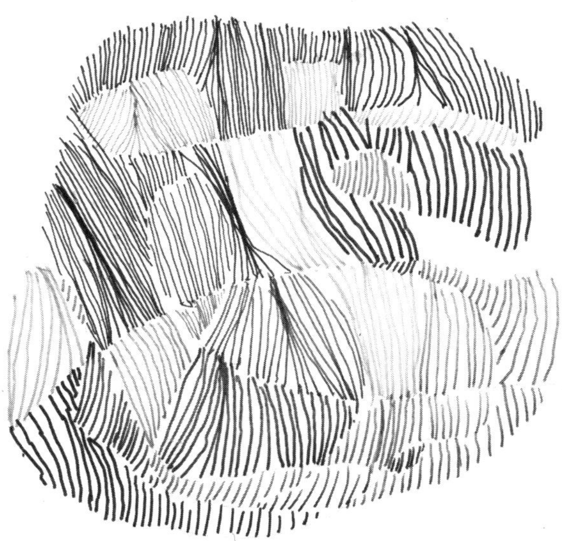

Section des grands
Format 30/35 cm

scripteurs : feutres

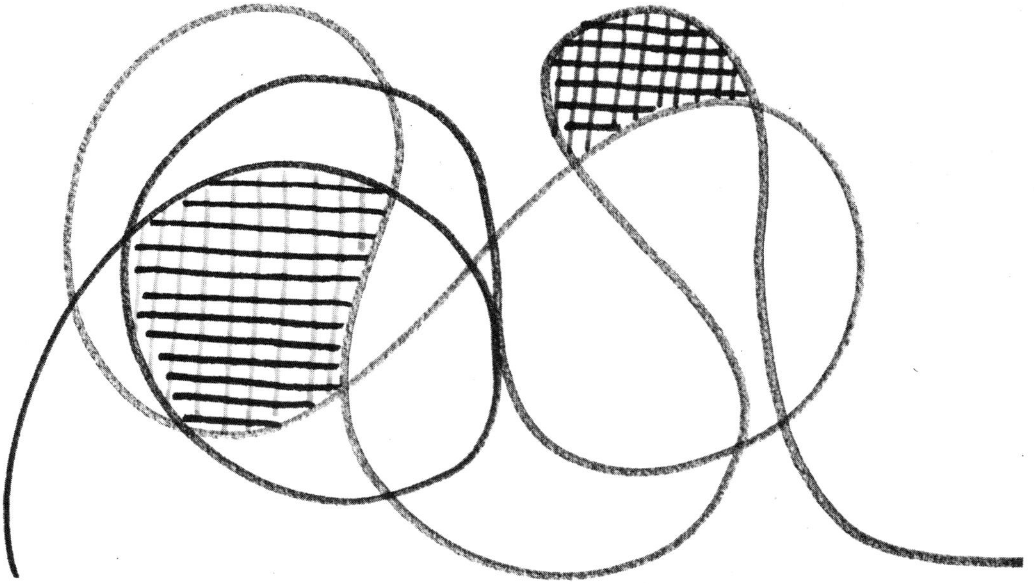

Dans chaque forme, l'enfant fait un quadrillage.

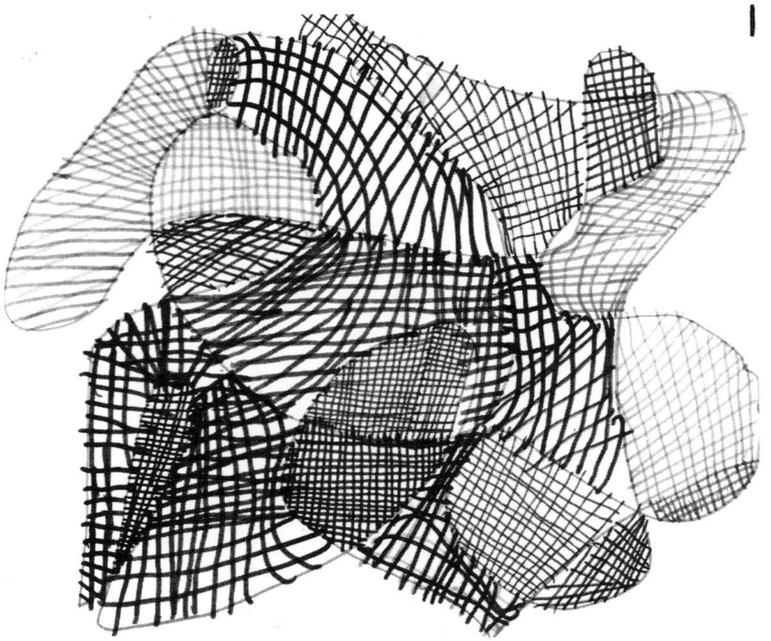

Section des grands
Format 30/35 cm

scripteurs : feutres

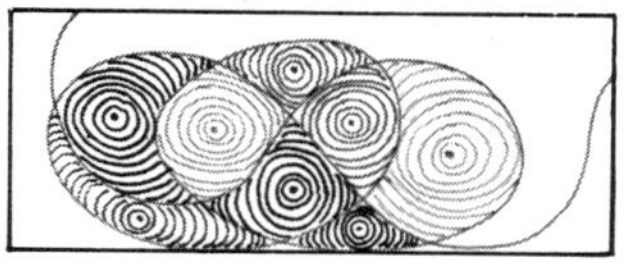

Sections : M.G.CP

Exemples de différents types de décoration

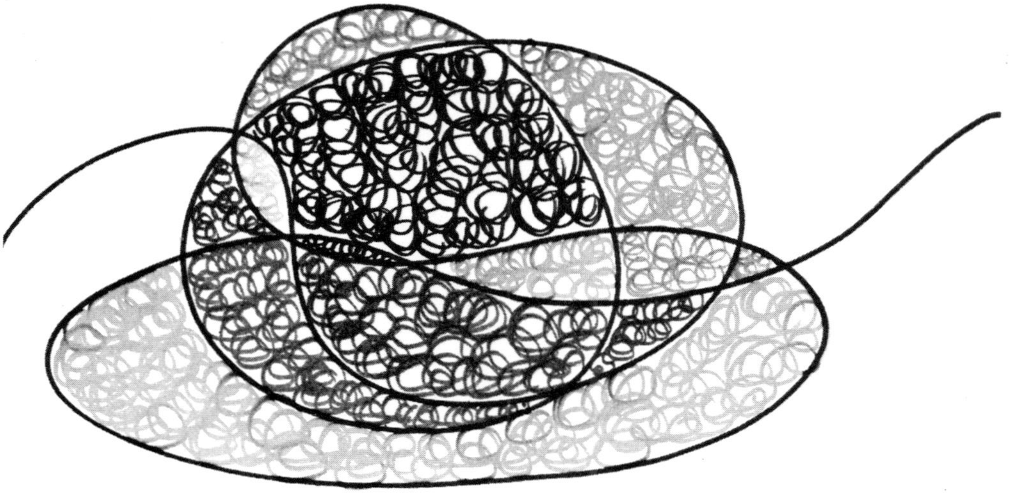

Dans chaque forme, l'enfant fait un "barbouillage" par mouvements circulaires.

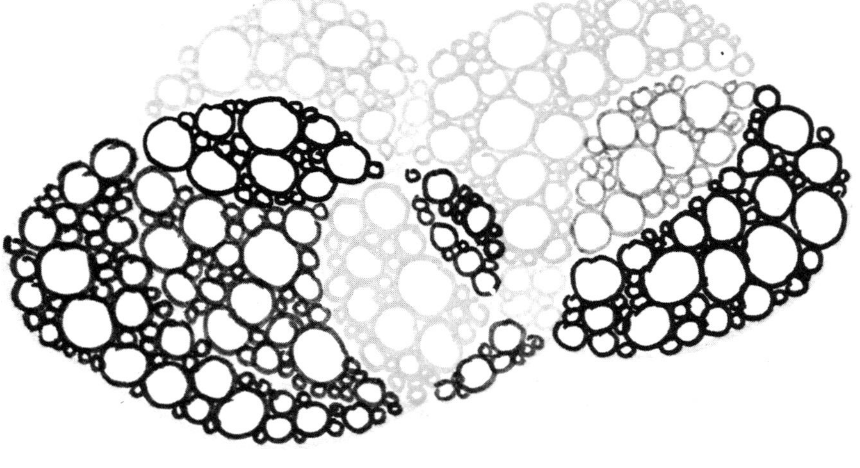

Dans chaque forme, l'enfant trace des cercles qui doivent se toucher ; il doit y avoir peu d'espaces vides.

Sections : M.G.CP

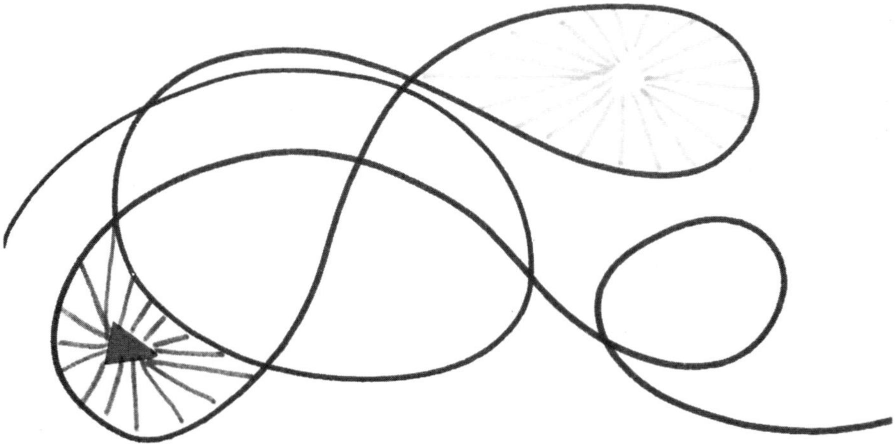

1. L'enfant colle une petite forme libre (ou gommette, graine...) à peu près au centre de chaque forme.
2. Partant de la forme collée, il trace des lignes droites, rayonnantes, jusqu'au bord de la forme.

Section des moyens
Format 24/32 cm

collage : gommettes
scripteurs : feutres

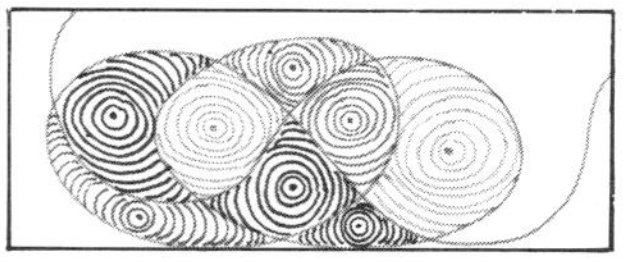

Sections : M.G.CP

Exemples de différents types de décoration

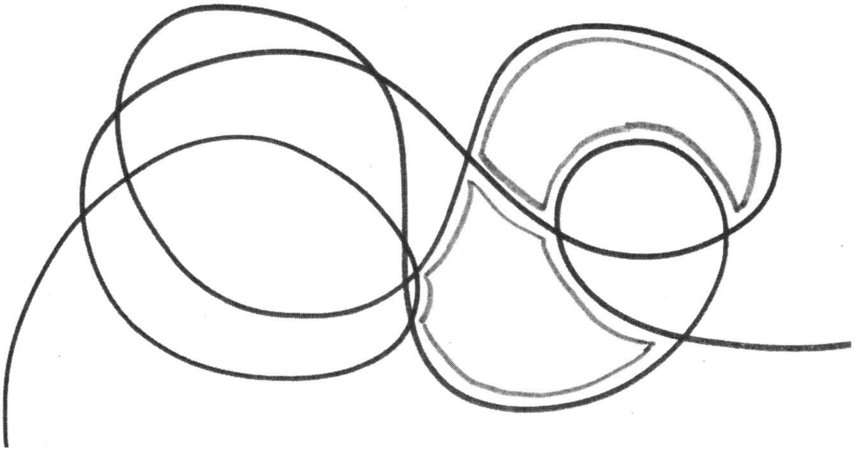

L'enfant trace une ligne qui suit le contour intérieur de chaque forme.

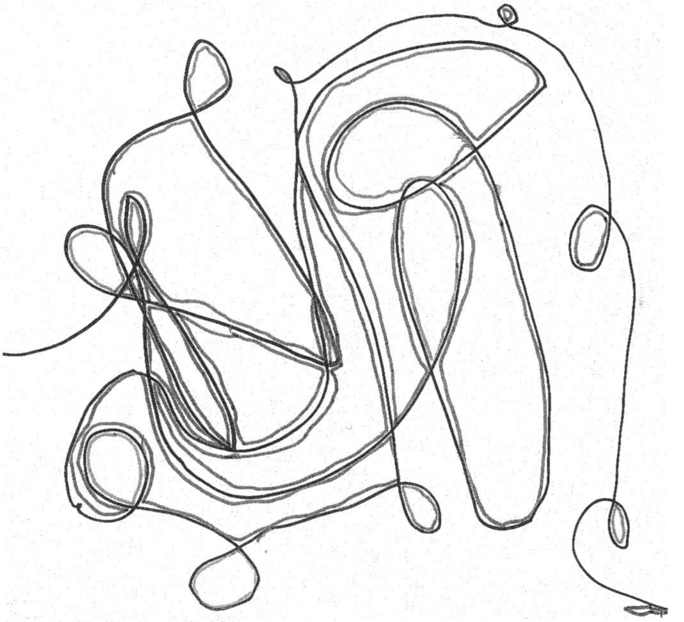

Section des moyens
Format 30/34 cm

scripteurs : feutres

L'enfant trace des lignes successives suivant le contour intérieur des formes.

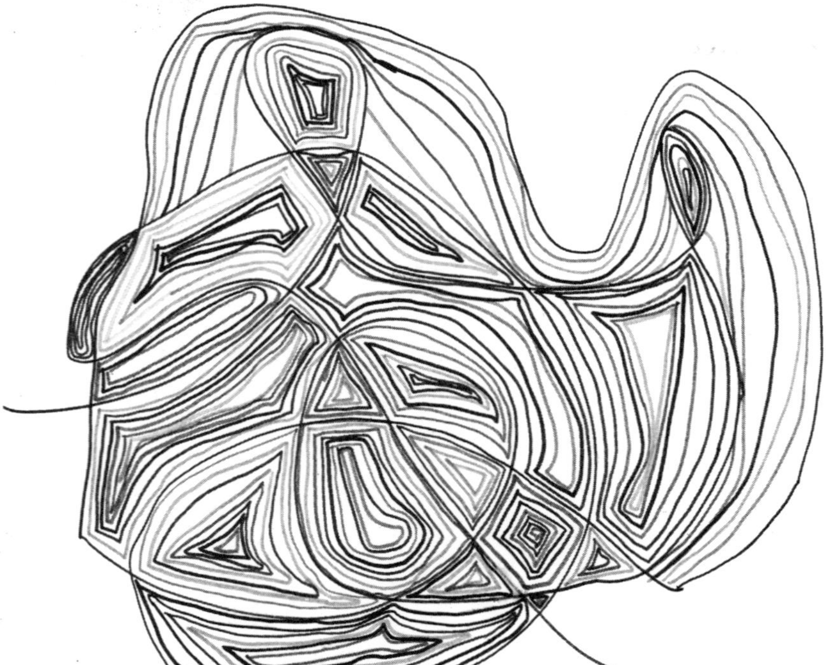

Section des grands
Format 30/35 cm

scripteurs : feutres

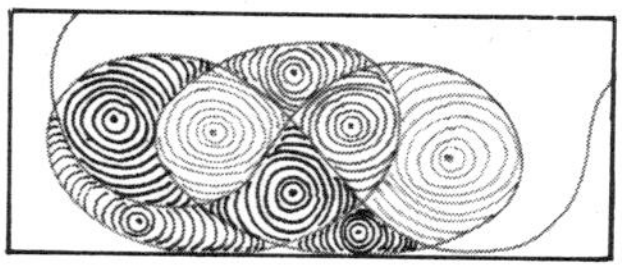

Sections : G.CP

Exemples de différents types de décoration

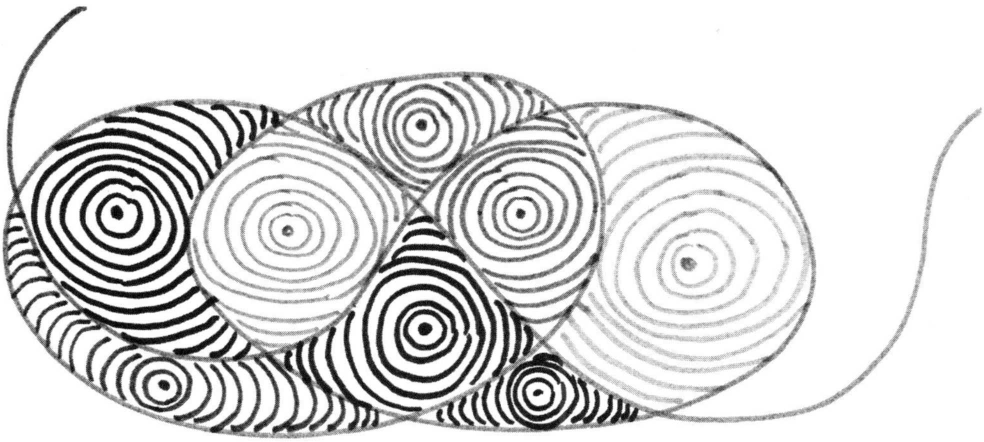

1. Dans chaque forme, l'enfant marque un point, à peu près central, qu'il entoure de lignes concentriques. Lorsque cela n'est plus possible, il trace des lignes arrondies.

Sections : M.G.CP

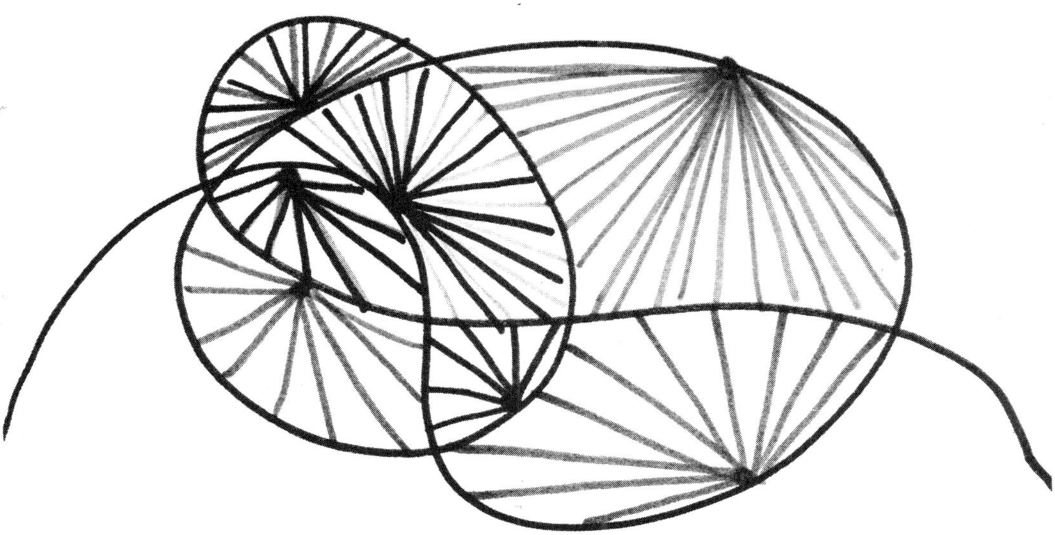

2. L'enfant marque un point, n'importe où, sur le trait d'une forme ; partant de ce point, il trace des lignes droites rayonnantes, jusqu'aux bords de cette forme. (Il peut faire deux traçages.)

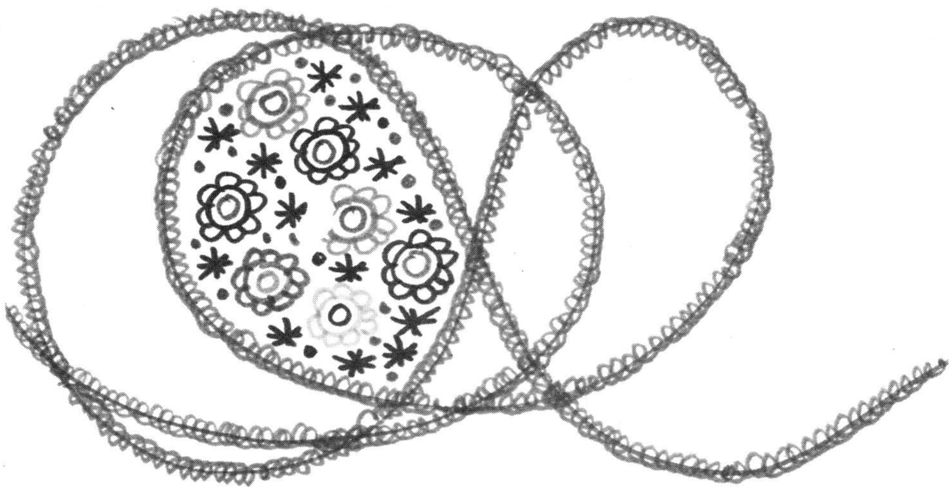

L'arabesque peut devenir le support de tracés variés : tracé identique sur toute l'arabesque.

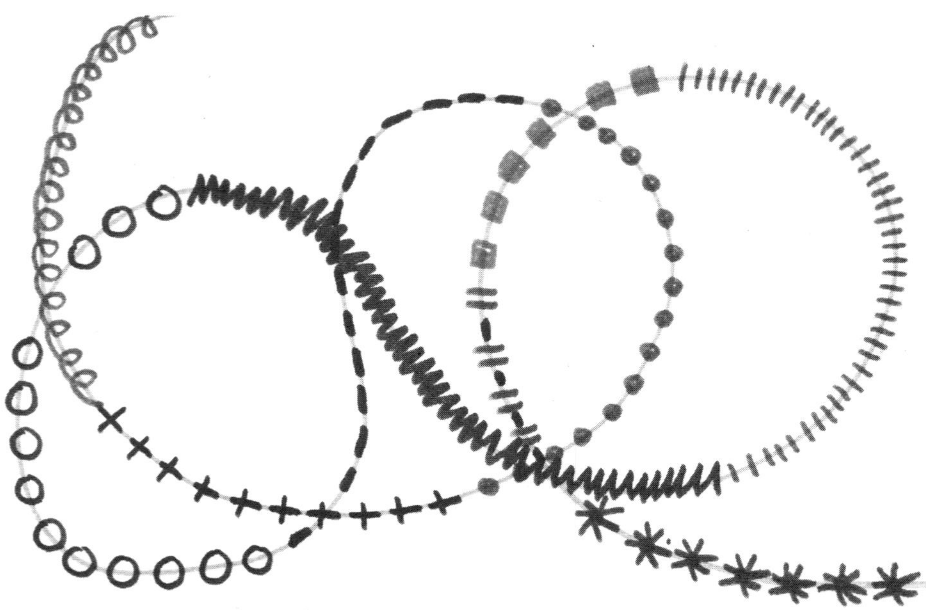

Tracés différents.

JEU D'ARABESQUE 8

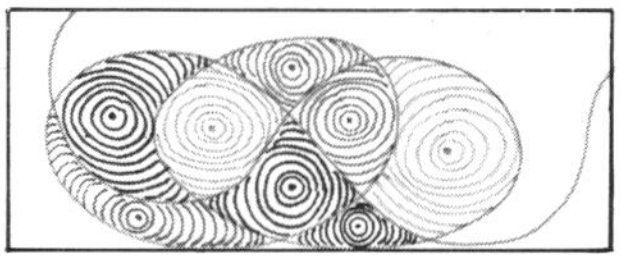

Sections : M.G.CP

variantes

deux arabesques

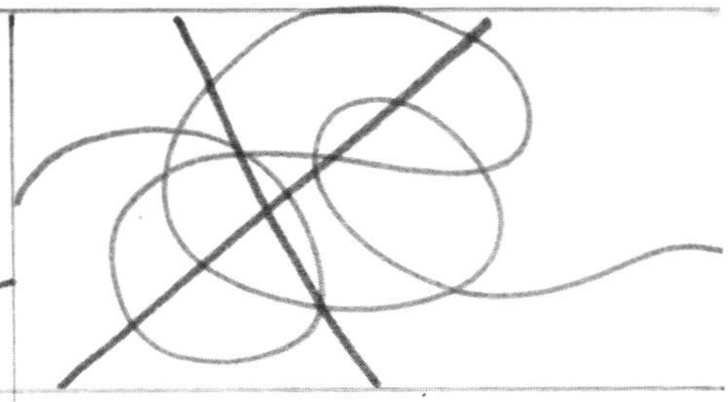

arabesque + 1, 2... droites

arabesque + ligne brisée

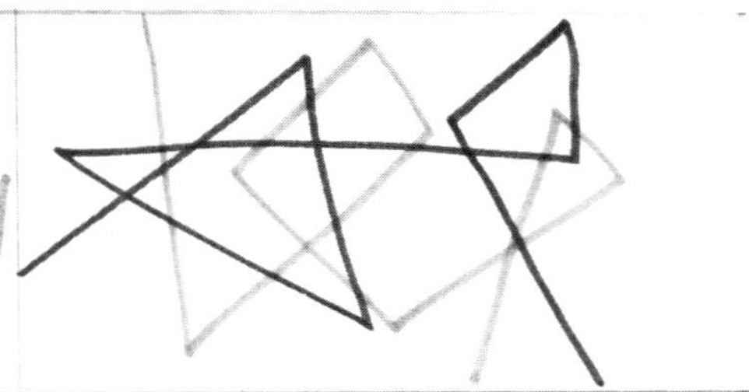

deux lignes brisées

Les tracés se chevauchent, se coupent.

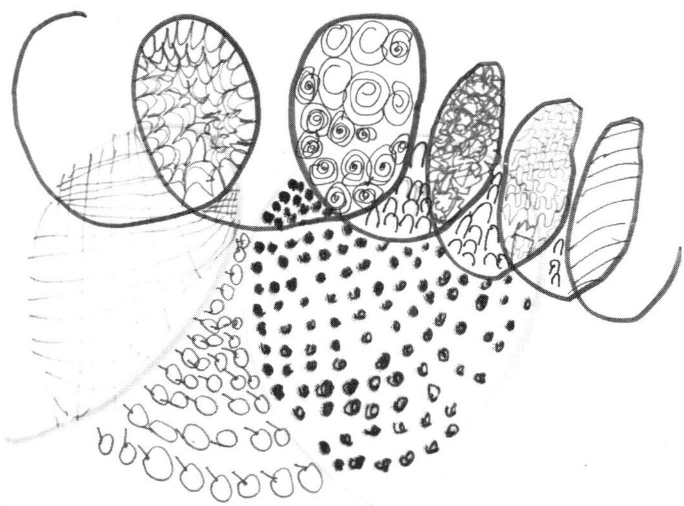

Sections des moyens : 2 arabesques
Format 24/32 cm

scripteurs : marqueurs, feutres

Section des moyens : arabesque + ligne brisée
Format 35/45 cm

scripteurs : feutres

Section des grands : arabesque + ligne brisée
Format 25/32 cm

scripteurs : marqueurs, feutres

JEU DE CONTOURS

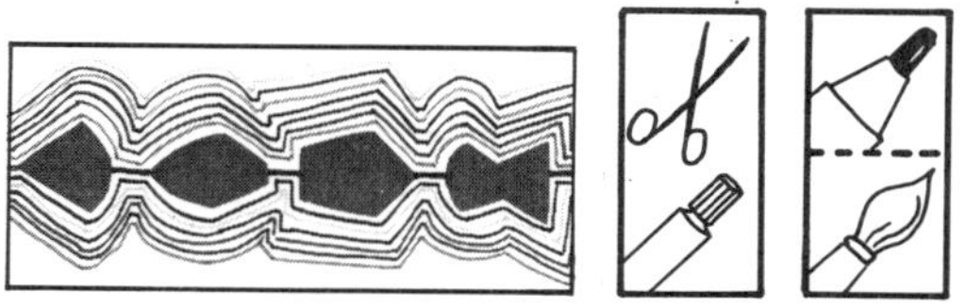

Sections : M.G.CP

1. Sur un point de repère central, l'enfant colle une forme quelconque (papier, tissu, feuille naturelle...) ou fait un dessin libre.

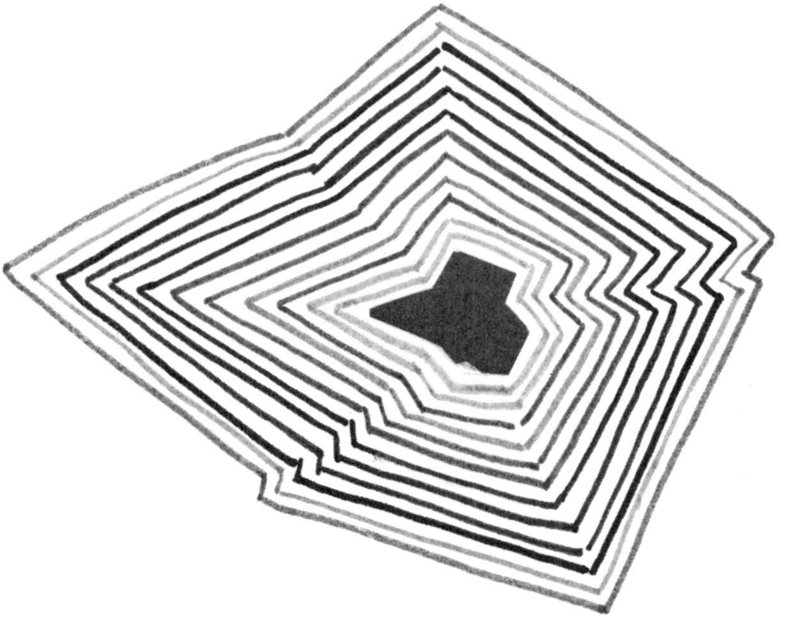

2. Il trace le contour de cette forme (lignes successives).

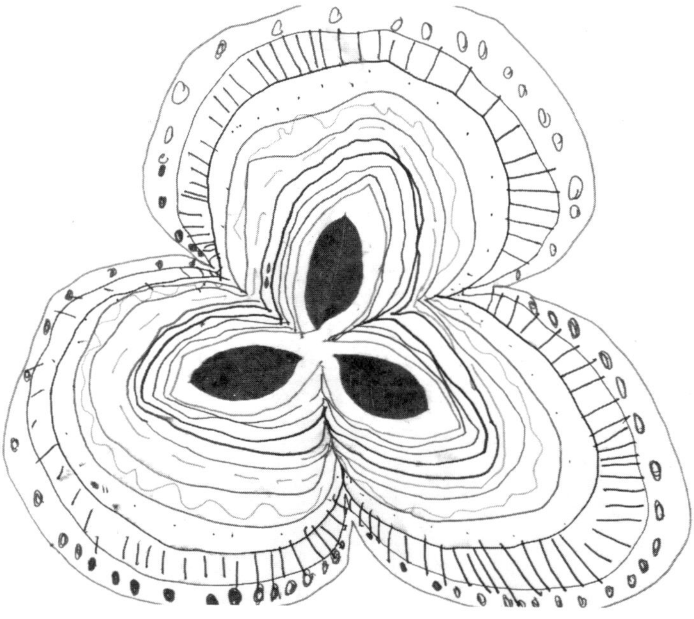

Section des moyens
Format 20/30 cm

collage : feuilles naturelles
scripteurs : feutres

Section des grands
Format 24/26 cm

collage : papier peint
scripteurs : marqueurs, feutres

JEU DE CONTOURS

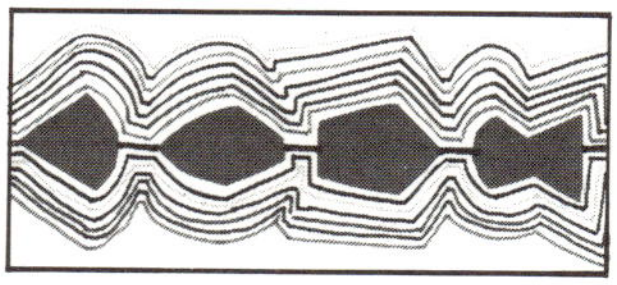

Sections : M.G.CP

1. L'enfant découpe ou déchiquète des formes quelconques. Il les colle bout à bout (elles doivent se toucher) en ligne horizontale, au milieu de la feuille, du bord gauche au bord droit.

2. Il trace le contour supérieur des formes collées, et fait le même tracé (lignes successives) jusqu'au bord supérieur de la feuille.

3. Même tracé en suivant le contour inférieur des formes.

Section des moyens
Format 60/35 cm

collage : papier
scripteurs : feutres

JEU DE CONTOURS

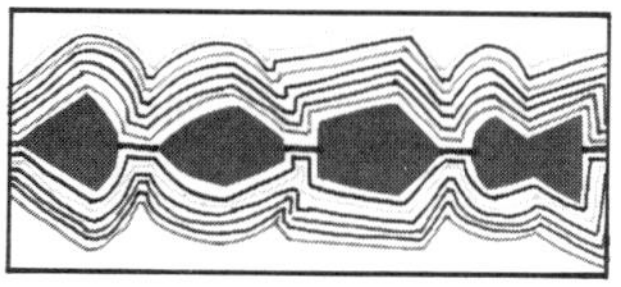

Sections : M.G.CP

1. Sur pliage en deux de la feuille, l'enfant découpe ou déchiquète des formes quelconques qu'il relie par un trait. Il peut faire un collage au dos de la feuille.

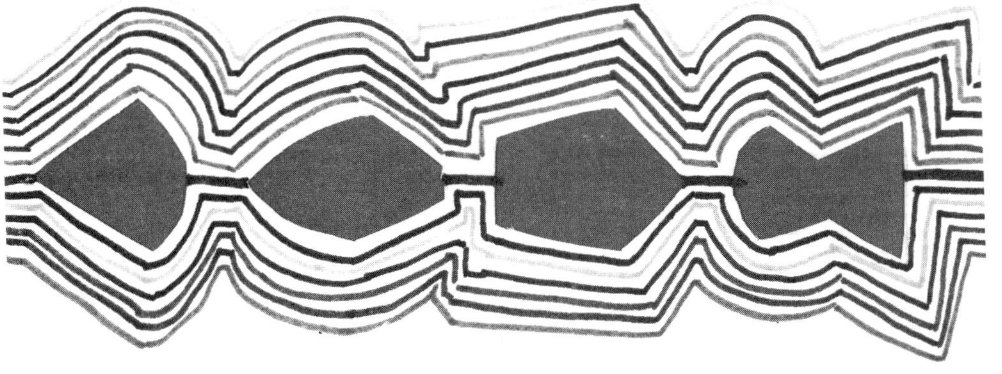

2. Il trace le contour supérieur des formes collées (lignes successives) et le contour inférieur des formes collées (lignes successives).

Section des moyens
Format 21/30 cm

collage : papier
scripteurs : feutres

Section des grands
Format 30/35 cm

collage : papier, papier crépon
scripteurs : feutres

JEU DE CONTOURS

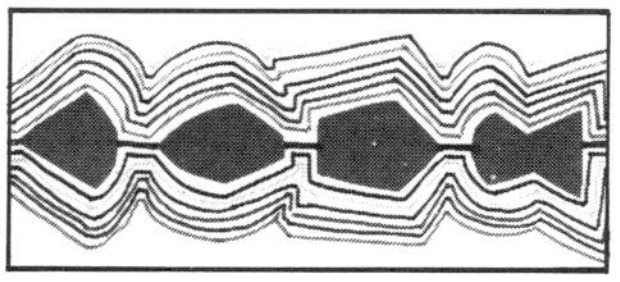

Sections : M.G.CP

1. Au milieu de la feuille, de gauche à droite, l'enfant trace une ligne quelconque.
2. Il trace le contour supérieur de la ligne (lignes successives).

3. Il trace le contour inférieur de la ligne (lignes successives).

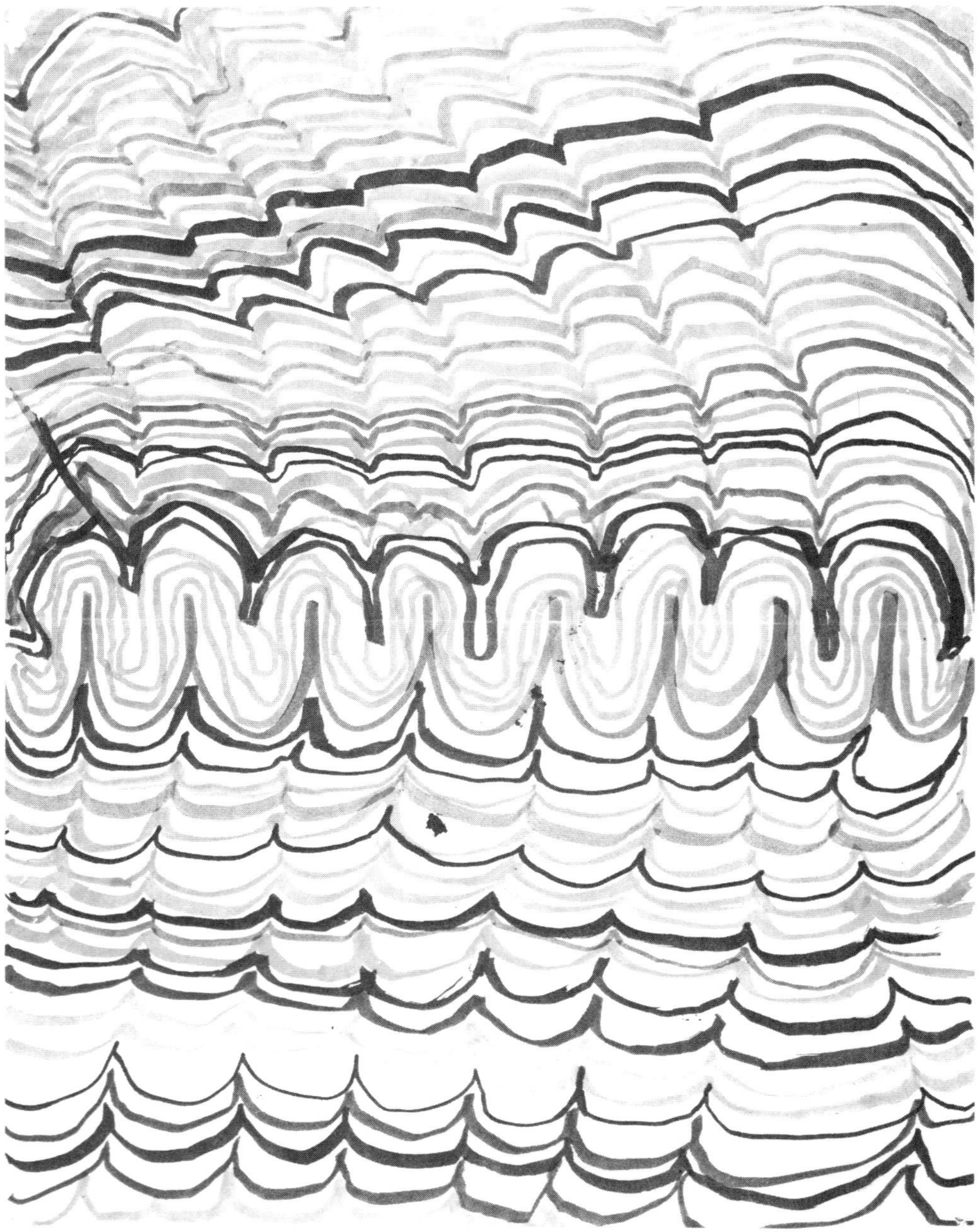

Sections des grands
Format 44/56 cm

scripteurs : marqueurs

JEU DE CONTOURS

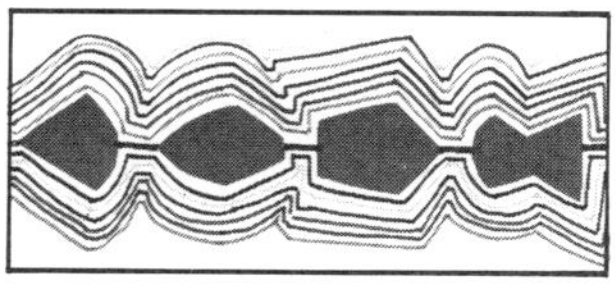

Sections : M.G.CP

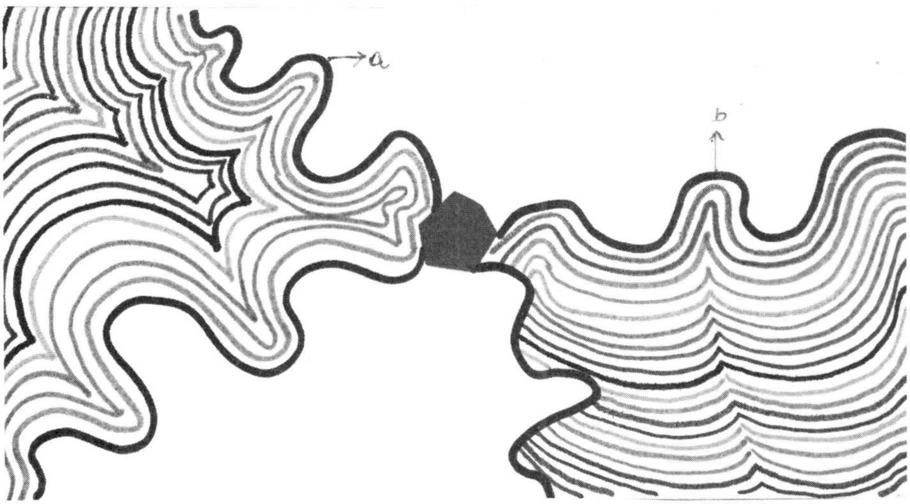

1. Au centre de la feuille, sur un point de repère, l'enfant colle une forme quelconque.
2. Partant de cette forme, il trace des lignes courbes quelconques, rayonnantes, espacées, jusqu'aux bords de la feuille.
3. Il trace le contour d'une zone (a) *ou* d'une ligne (b) (lignes successives).

4. Il continue le même tracé.

1. L'enfant trace des lignes courbes, quelconques, espacées de haut en bas de la feuille.
2. Il trace le contour de la première ligne, à gauche, à droite, jusqu'à la deuxième ligne (lignes successives)...

JEU DE CONTOURS

14

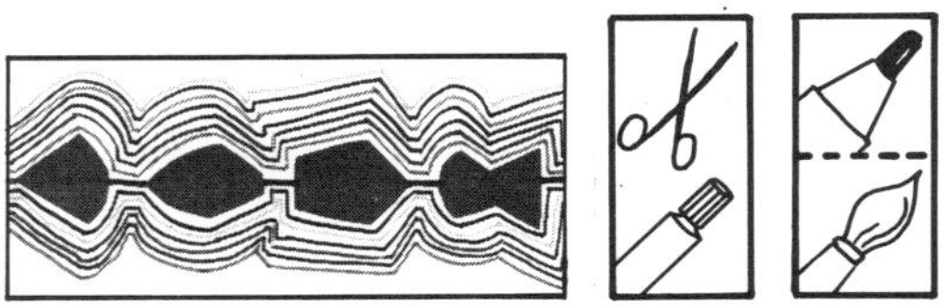

Sections : M.G.CP

1. L'enfant découpe ou déchiquète une forme quelconque assez grande. Il la colle au centre de la feuille sur un point de repère.

2. Partant de cette forme, il trace quelques lignes droites, rayonnantes, jusqu'aux bords de la feuille.

3. Il trace quelques lignes épousant le contour de chaque secteur, et décore librement les espaces libres.

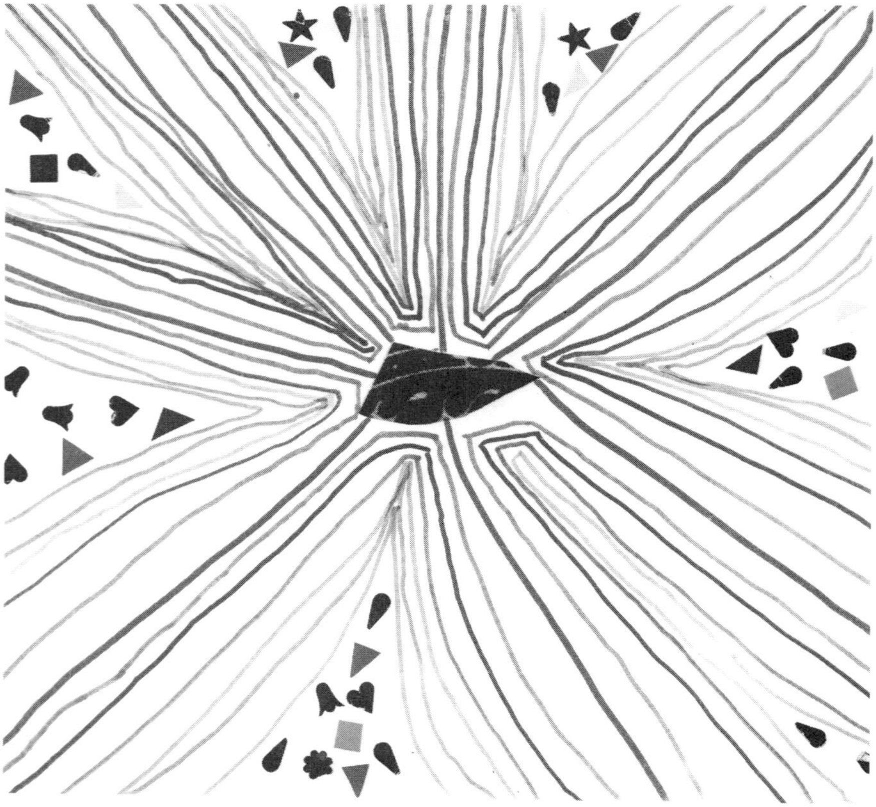

Section des grands
Format 31/34 cm

collage : papier, gommettes
scripteurs : feutres

JEU DE CONTOURS

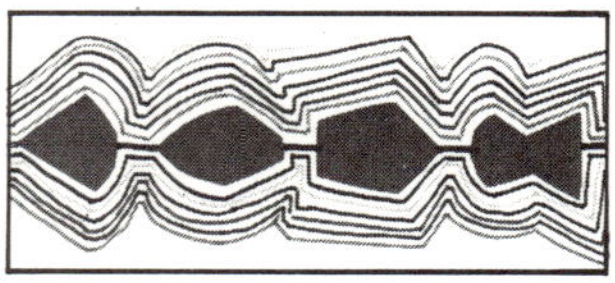

Sections : G.CP

1. L'enfant découpe ou déchiquète des formes quelconques. Il les colle, n'importe où, sur la feuille.

2. Il trace le contour d'une forme (lignes successives).

3. Quand son trait est arrêté par une autre forme collée, il continue son tracé en "englobant" cette forme.

4. L'enfant continue ses tracés, en "englobant" au fur et à mesure toutes les formes collées.

JEU DE LIGNE ININTERROMPUE

16

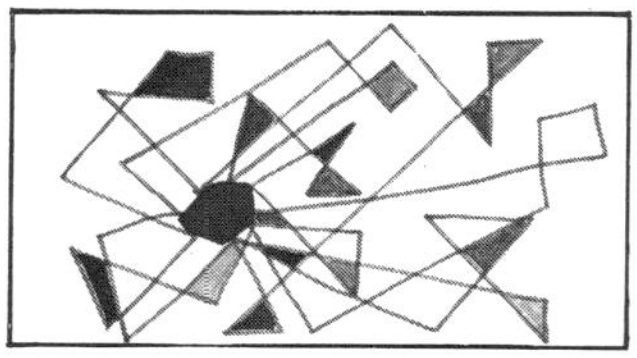

Sections : G.CP

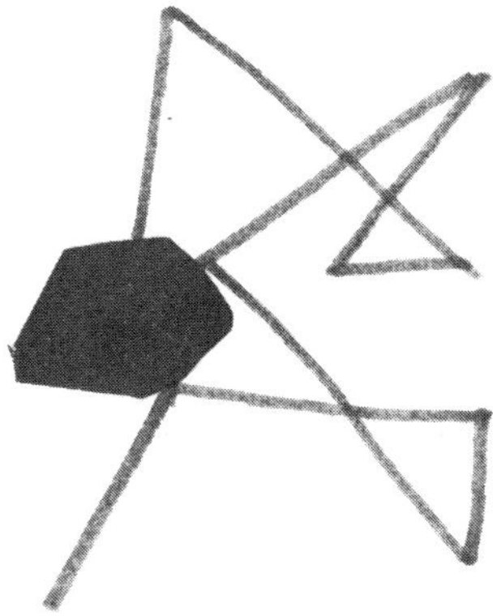

1. L'enfant découpe ou déchiquète une forme quelconque (papier). Il la colle, n'importe où, sur la feuille.
2. Partant de cette forme, il trace une ligne brisée continue, quelconque, touchant de temps en temps la forme.

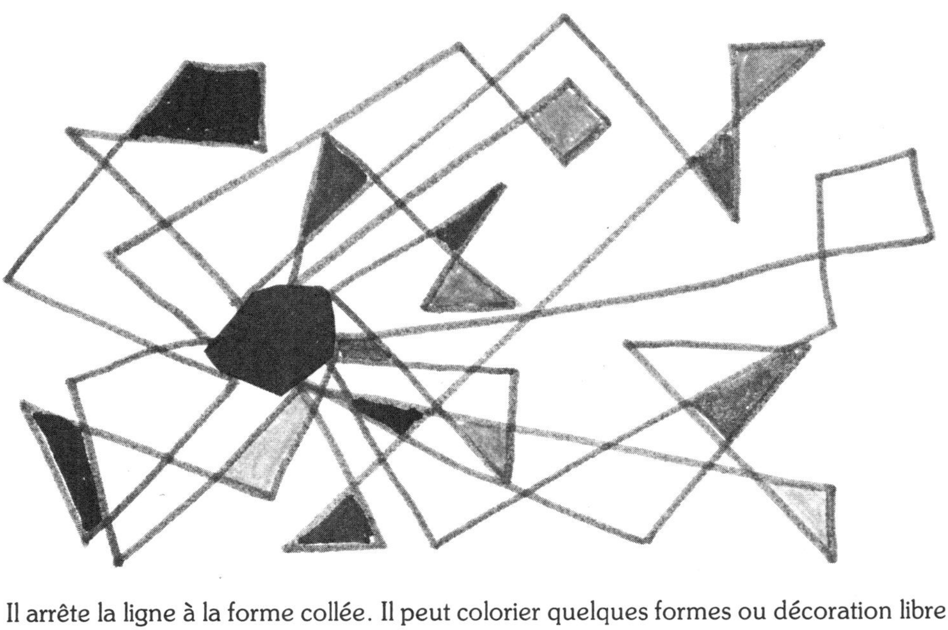

3. Il arrête la ligne à la forme collée. Il peut colorier quelques formes ou décoration libre.

1. A partir d'un point central, l'enfant trace des boucles qui se chevauchent, chacune revenant au point central. Quand le tour est fini, il trace des boucles qui se chevauchent ; elles dépassent les précédentes et reviennent toujours au point central. Il continue le même tracé.

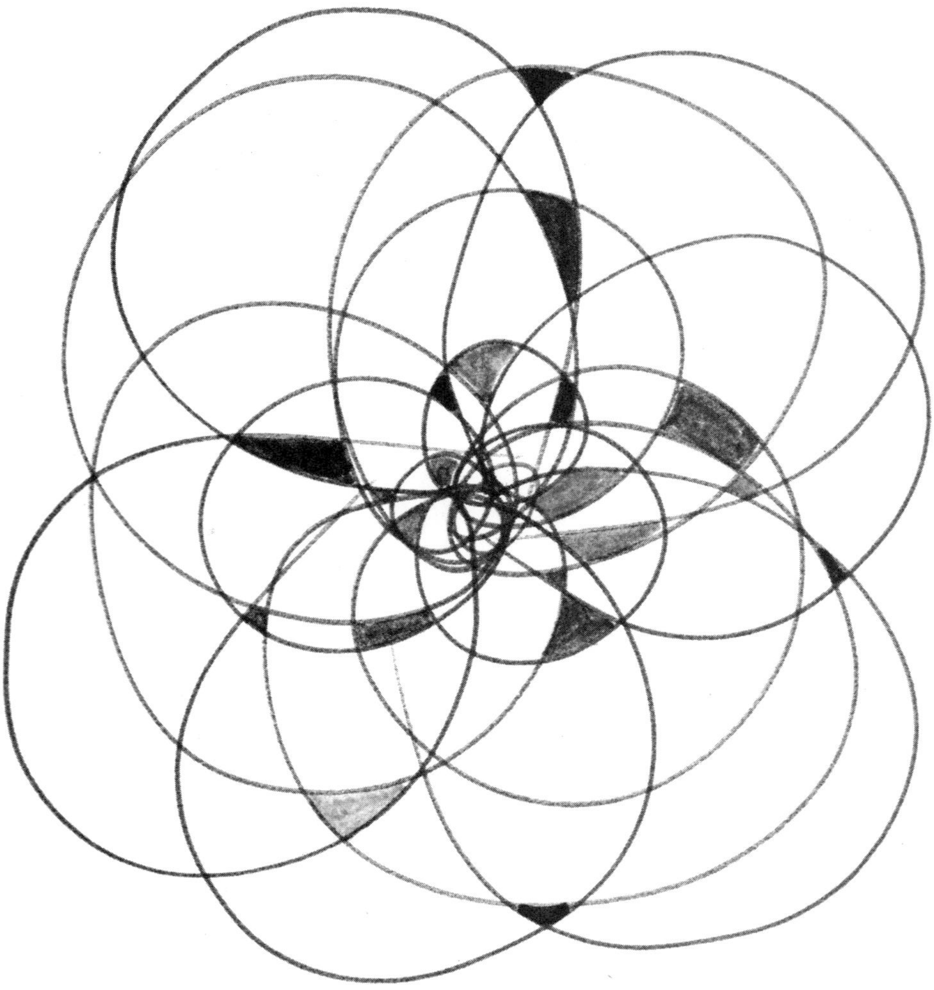

2. Il peut colorier quelques formes.

JEU DE LIGNE ININTERROMPUE

Sections : M.G.CP

1. L'enfant découpe ou déchiquète des formes quelconques (papier) ; il les colle, n'importe où, sur la feuille : elles doivent ni se toucher ni toucher un des bords de la feuille.

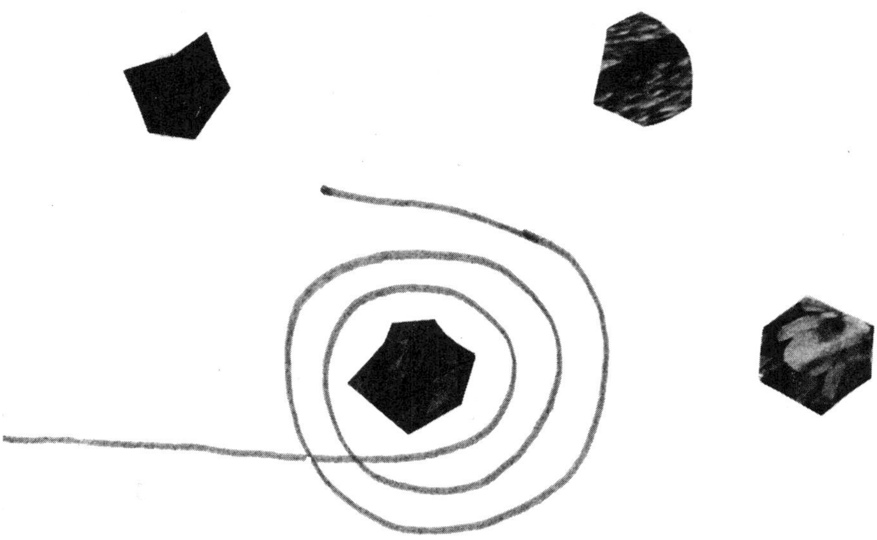

2. Partant d'un bord quelconque de la feuille, il trace une ligne qui entoure 2, 3... fois une forme collée.

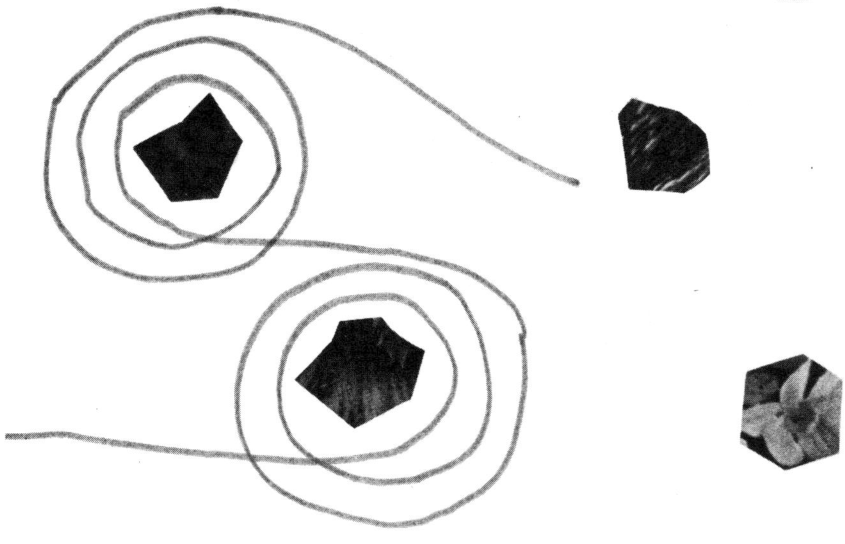

3. Il dirige son trait vers une autre forme collée et fait le même tracé.

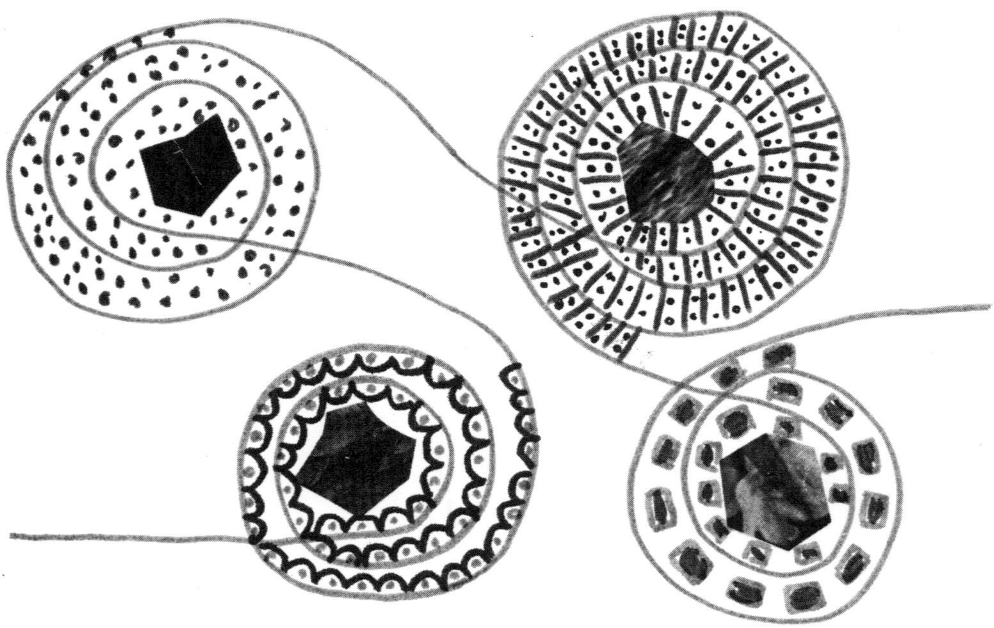

4. Et de même avec toutes les formes collées ; la ligne sort par un bord quelconque de la feuille.
Décoration libre.

JEU DE LIGNE ININTERROMPUE

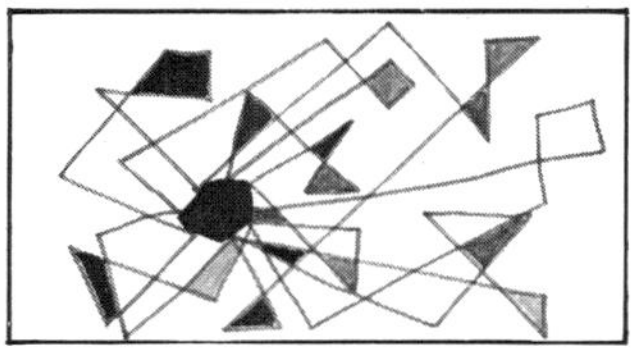

Sections : G.CP

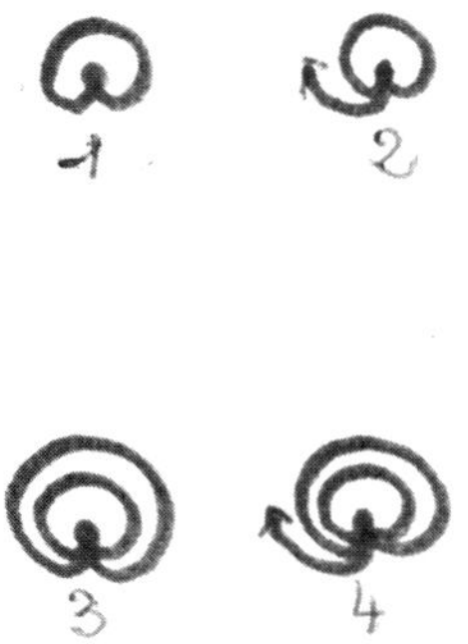

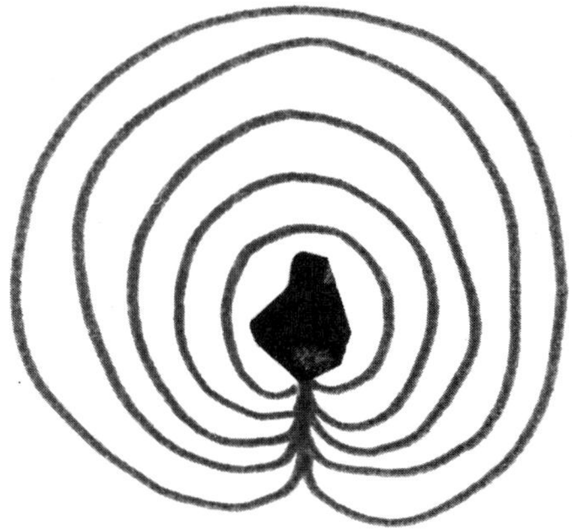

1. L'enfant colle sur un point de repère au bas de la feuile, au milieu d'un côté, à quelques centimètres du bord, une forme quelconque.
2. Partant de cette forme, il trace une ligne l'entourant et revenant à son point de départ ; sans interrompre son geste, il refait le même tracé, au-dessus de la ligne précédente, revenant toujours au même point de contact...

Décoration libre.

Section des grands
Format 29/32 cm

collage : tissu
scripteurs : feutres

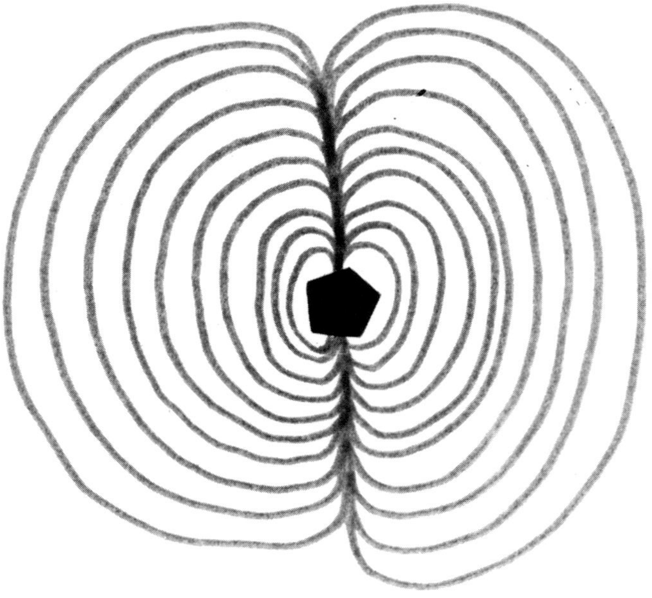

Même tracé avec deux points de contact.

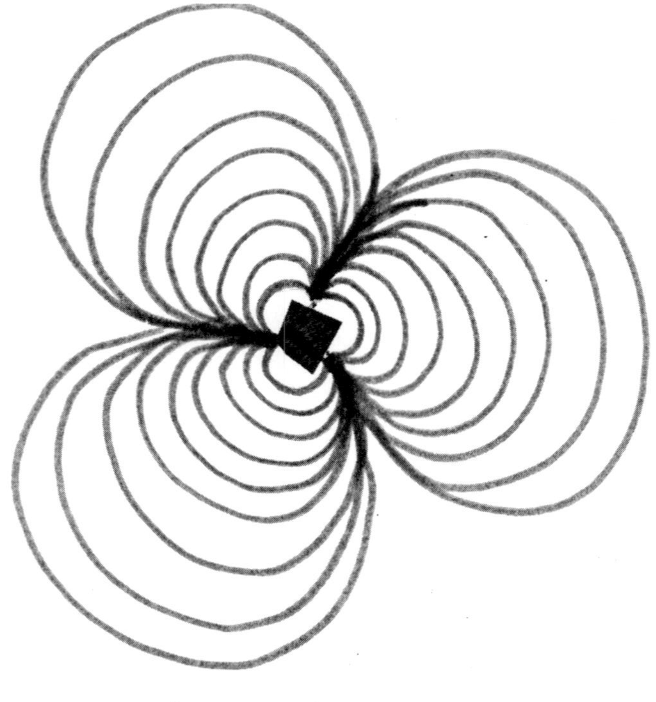

Même tracé avec trois points de contact.

JEU DE LIGNE ININTERROMPUE

19

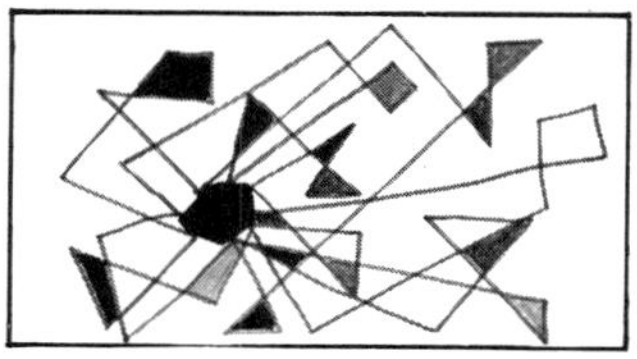

Sections : M.G.CP

1. L'enfant découpe ou déchiquète 1, 2, 3... formes quelconques. Il les colle près d'un bord de la feuille sur des points de repère.
2. Partant du bas d'une forme, il l'entoure de lignes excentriques espacées, en touchant toujours la forme collée, sans interrompre son tracé.

Décoration libre.

— En collant la forme à droite, à gauche ou en haut de la feuille, ce tracé peut se faire de droite à gauche, de gauche à droite ou de haut en bas.

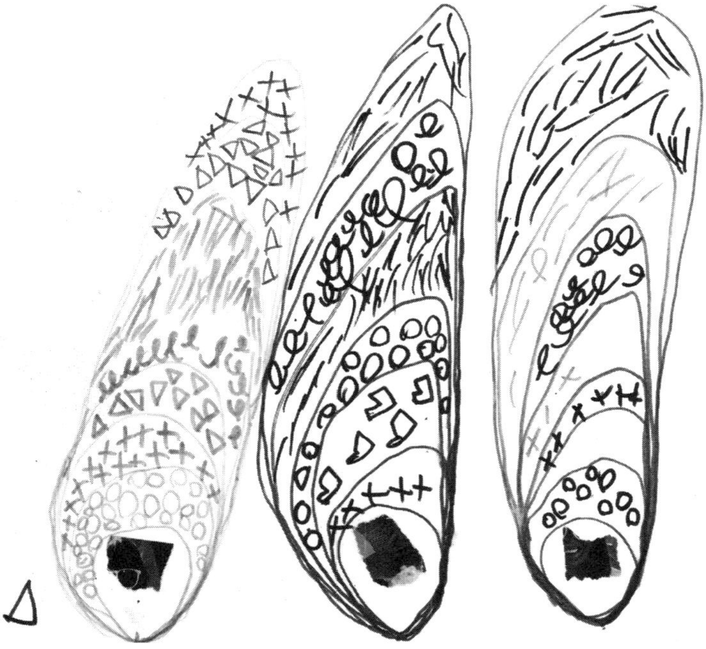

Section des moyens
Format 30/34 cm

collage : papier de catalogue
scripteurs : feutres

Section des grands :

Format 28/30 cm

gommettes collées dans les angles de la feuille et au milieu de chaque côté.
scripteurs : feutres

JEU DE LIGNE ININTERROMPUE

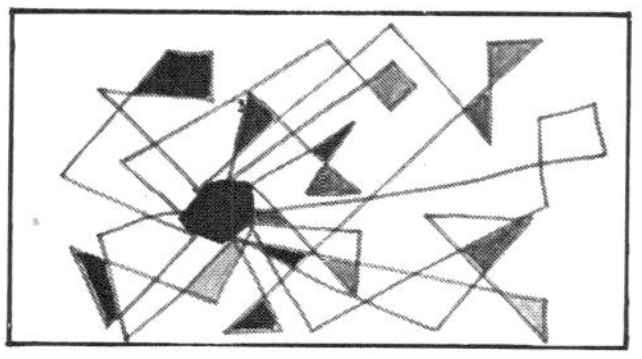

Sections : G.CP

Grande section
Format 40/60 cm

collage : papier
scripteurs : marqueurs

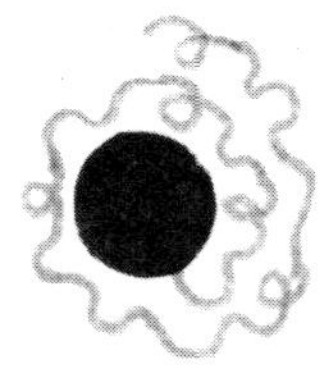

1. Au centre de la feuille, sur un point de repère, l'enfant colle une forme ronde.
2. Partant de cette forme, il trace une ligne courbe continue avec boucles entourant cette forme.

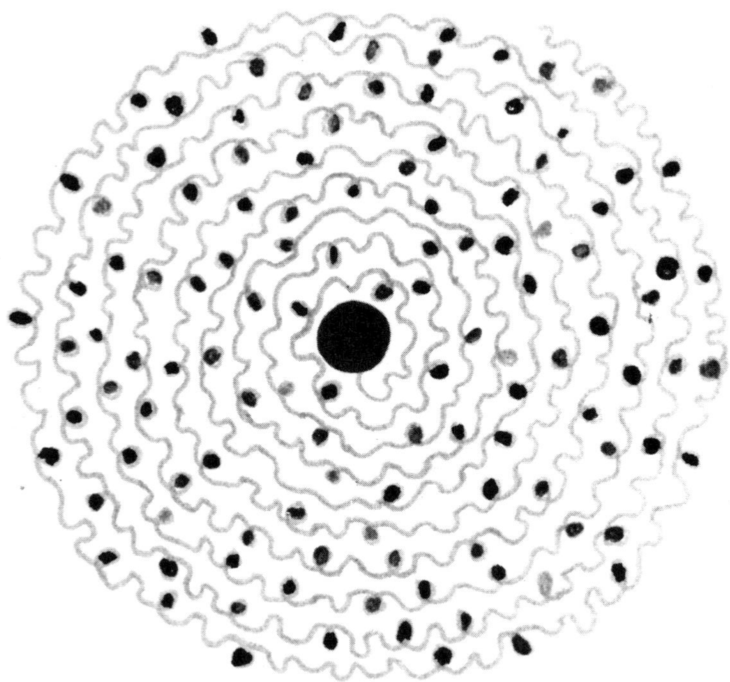

3. Il peut colorier les boucles.

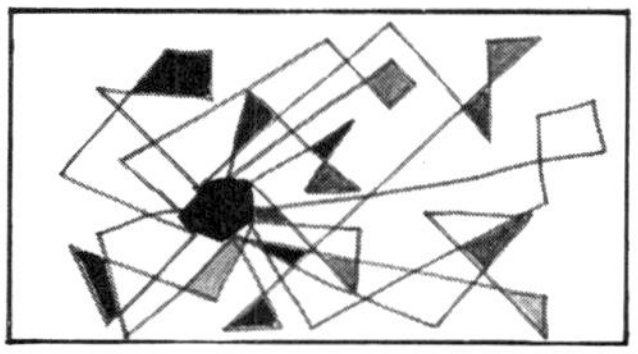

Sections : G.CP

1. Sur des points de repère, l'enfant colle quatre formes rondes en alignement, au centre de la feuille, les deux formes centrales étant plus rapprochées.

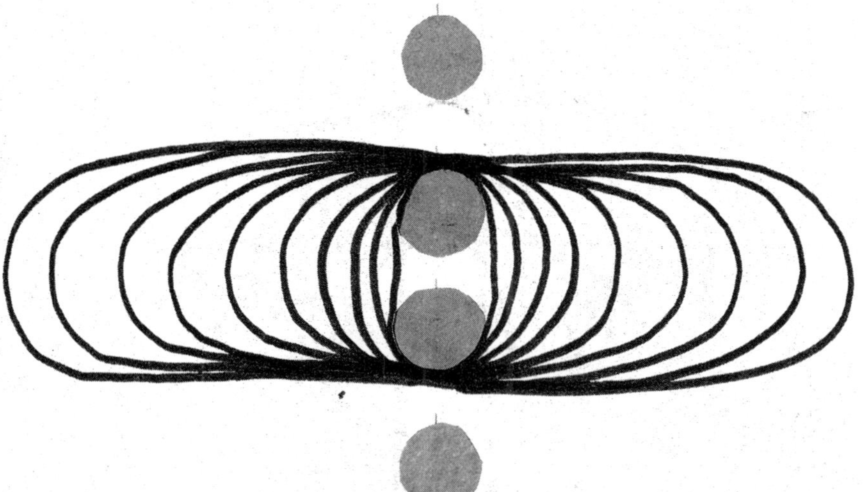

2. Il trace une ligne englobant les deux formes centrales et continue en lignes excentriques espacées passant toujours par les mêmes points de contact, au-dessus de l'une et au-dessous de l'autre forme.

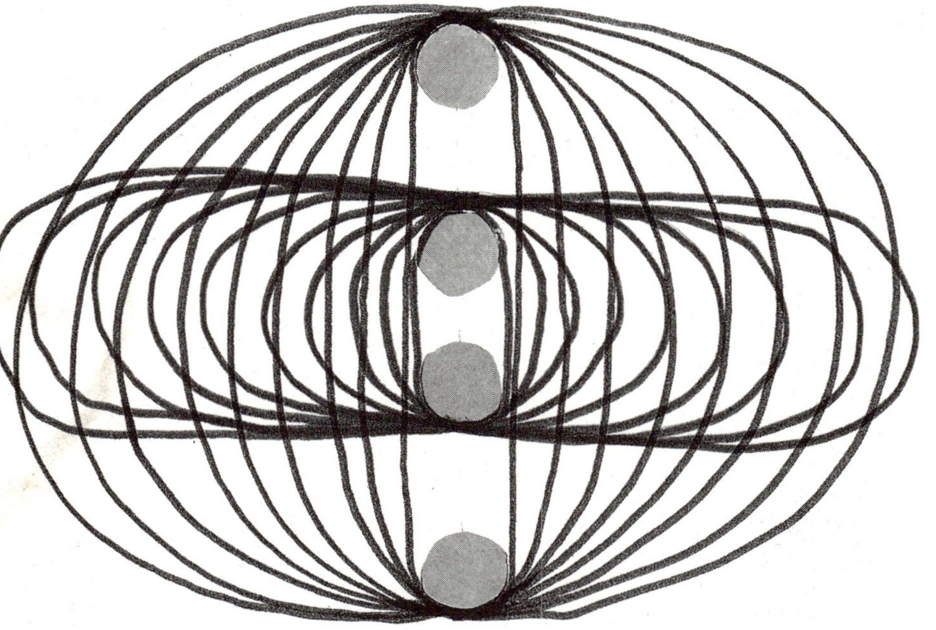

3. Même tracé en englobant les deux autres formes.

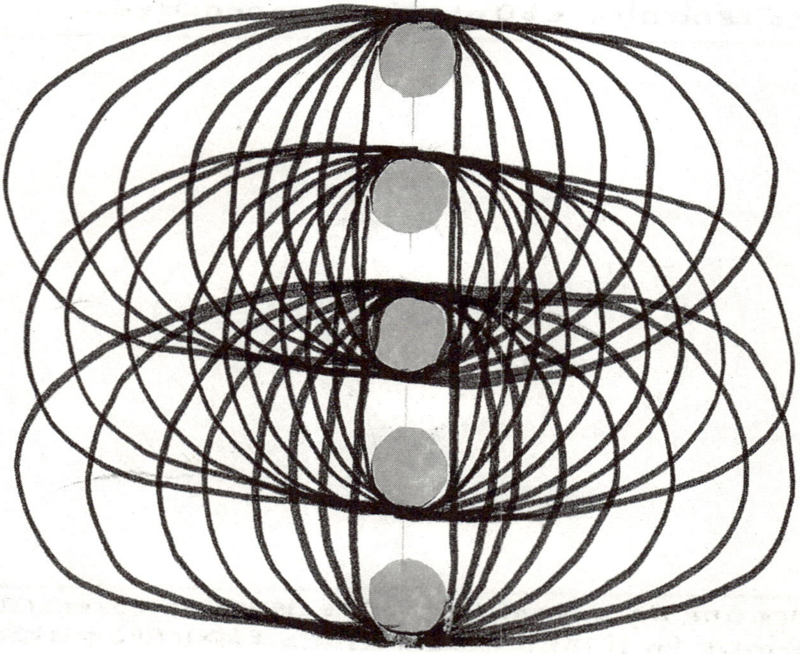

Autre type d'encerclement en englobant la première et la troisième forme, puis la deuxième et la quatrième forme...

JEU DE COURBES

22

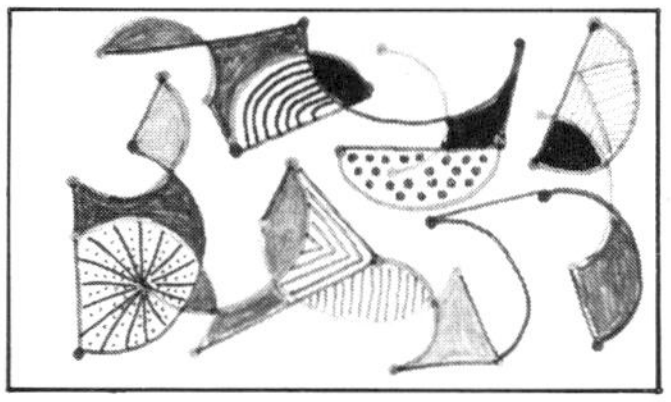

Sections : M.G.

1. L'enfant marque un point, n'importe où sur la feuille. Partant de ce point, il trace une ligne courbe quelconque sortant par un bord quelconque de la feuille.

2. Il trace de même de nombreuses lignes. Il peut colorier quelques petites formes, décorer librement quelques grandes formes.

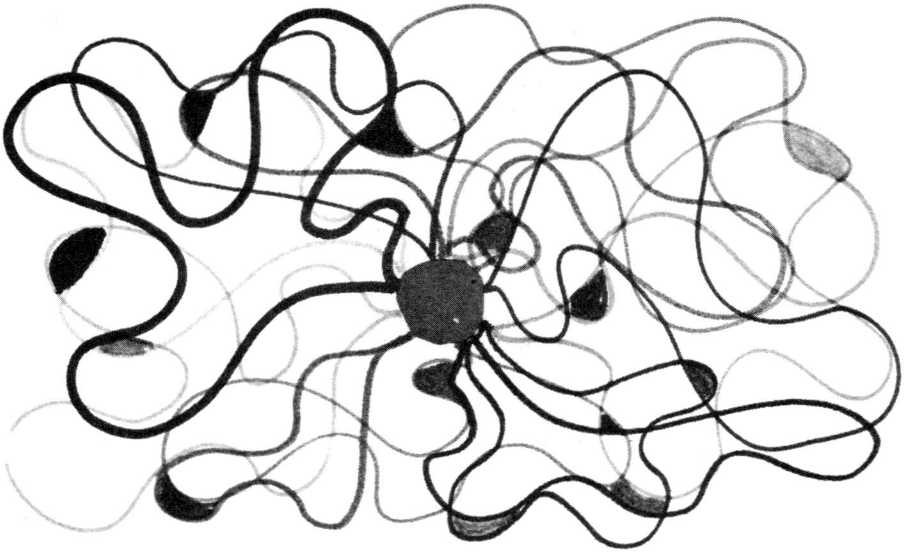

1. Au centre de la feuille, sur un point de repère, l'enfant colle une forme ronde.
2. Partant de cette forme, il trace des lignes courbes quelconques revenant à la forme, à leur point de départ.

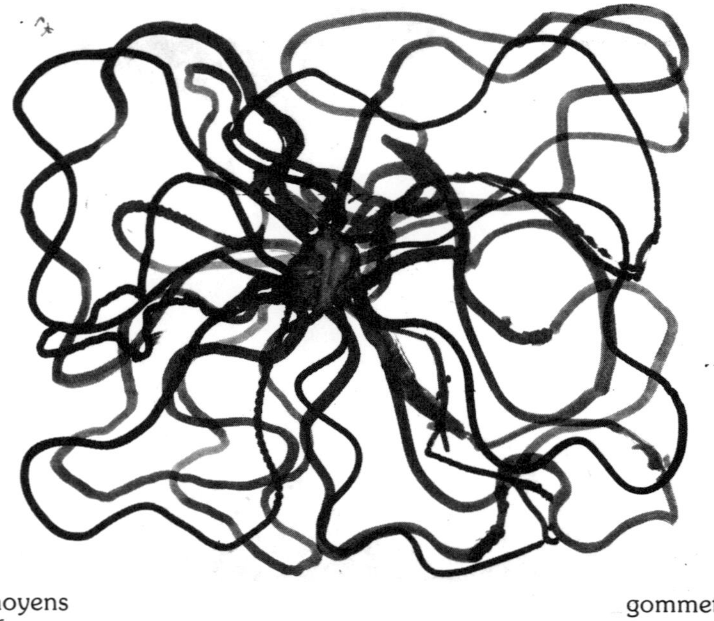

Section des moyens
Format 21/26 cm

gommette centrale
scripteurs : marqueurs, craies grasses

JEU DE COURBES 23

Section : M.

1. Au centre de la feuille, sur un point de repère, l'enfant colle une forme quelconque.
2. Il parsème la feuille de points ou de petits collages.

3. Partant de la forme centrale, il trace une ligne vers un point, l'entoure et la ligne se referme sur elle-même.

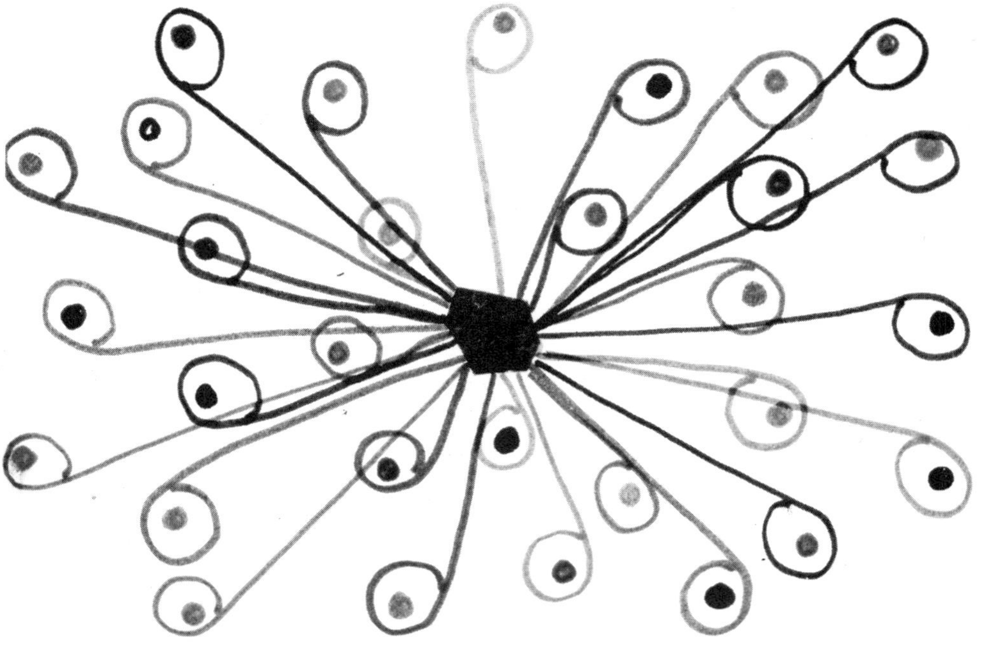

3. Même tracé autour de chaque point (les lignes se chevauchent, se coupent).

Section des moyens : avec une décoration libre
Diamètre : 20 cm

scripteurs : feutres

JEU DE COURBES

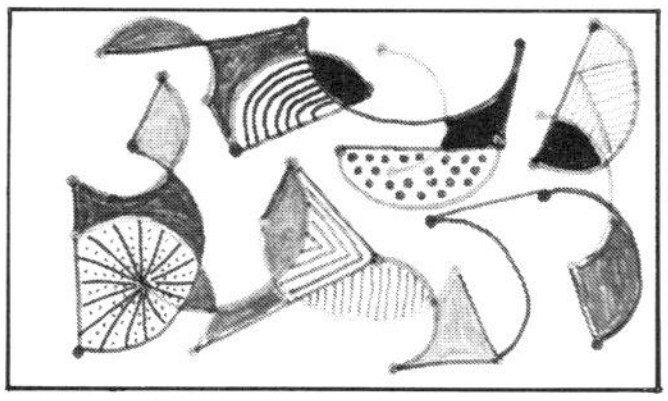

Sections : M.G.

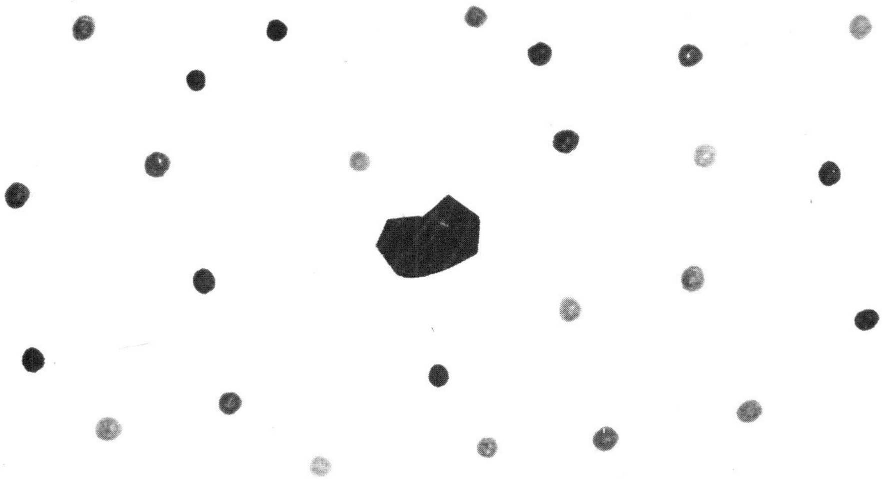

1. Au centre de la feuille, sur un point de repère, l'enfant colle une forme quelconque.
2. Il parsème la feuille de points ou de petits collages.

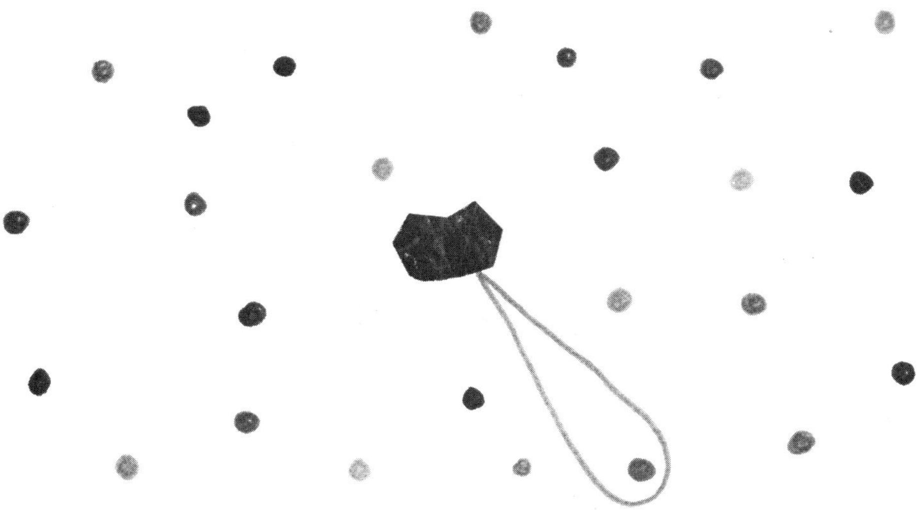

3. Partant de la forme centrale, il trace une ligne contournant un point et revenant à son point de départ sur la forme centrale.

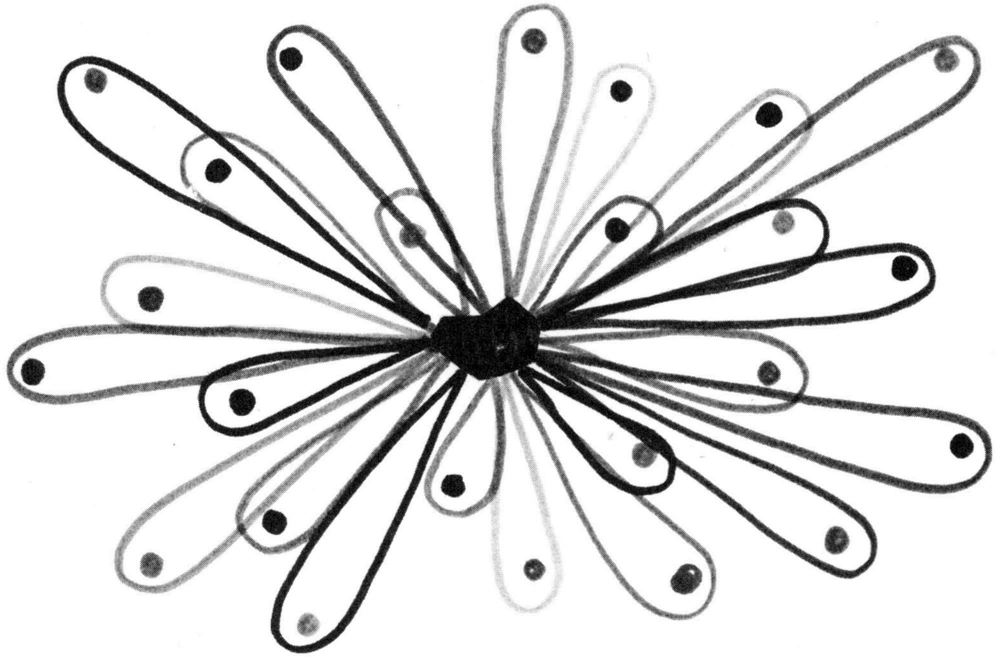

4. Même tracé (les lignes se chevauchent, se coupent).

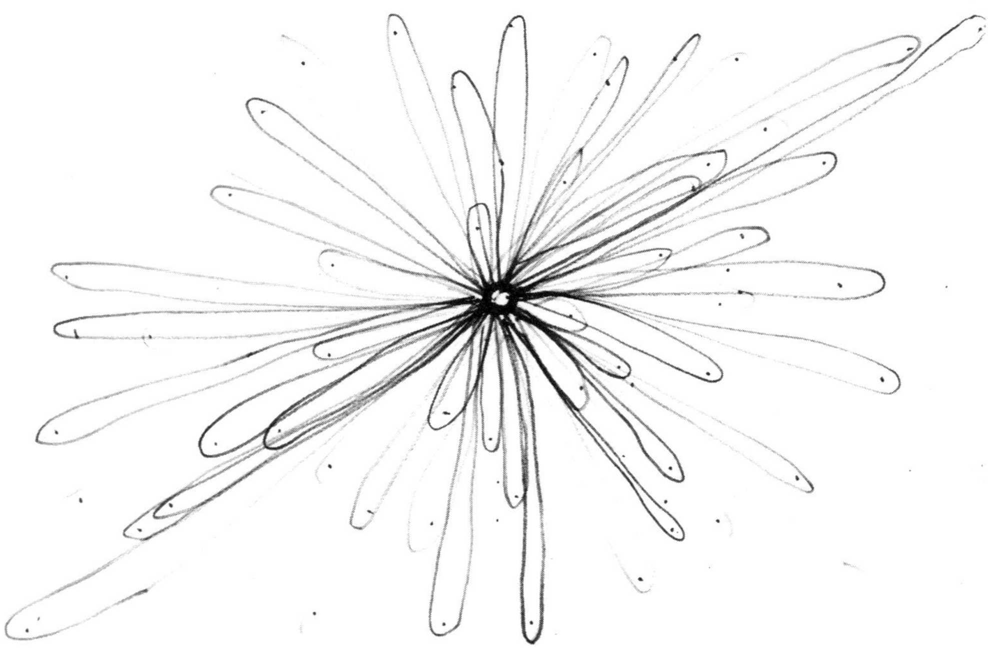

Section des moyens
Format 22/33 cm

scripteurs : feutres

JEU DE COURBES

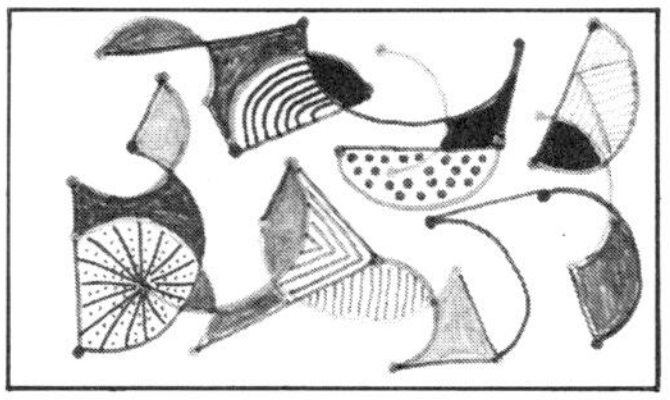

Section : M.

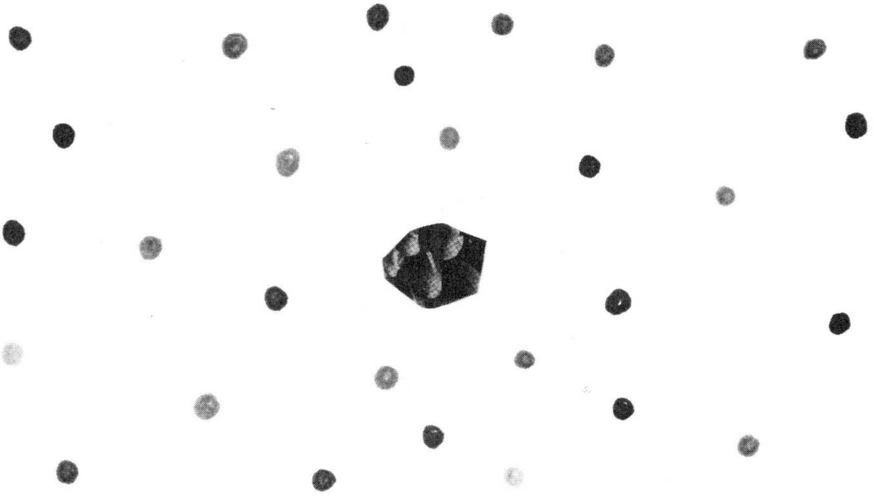

1. Au centre de la feuille, sur un point de repère, l'enfant colle une forme quelconque.
2. Il parsème la feuille de points ou de petits collages.

3. Partant de la forme centrale, il trace une ligne, vers un point, qui s'arrondit autour de ce point.

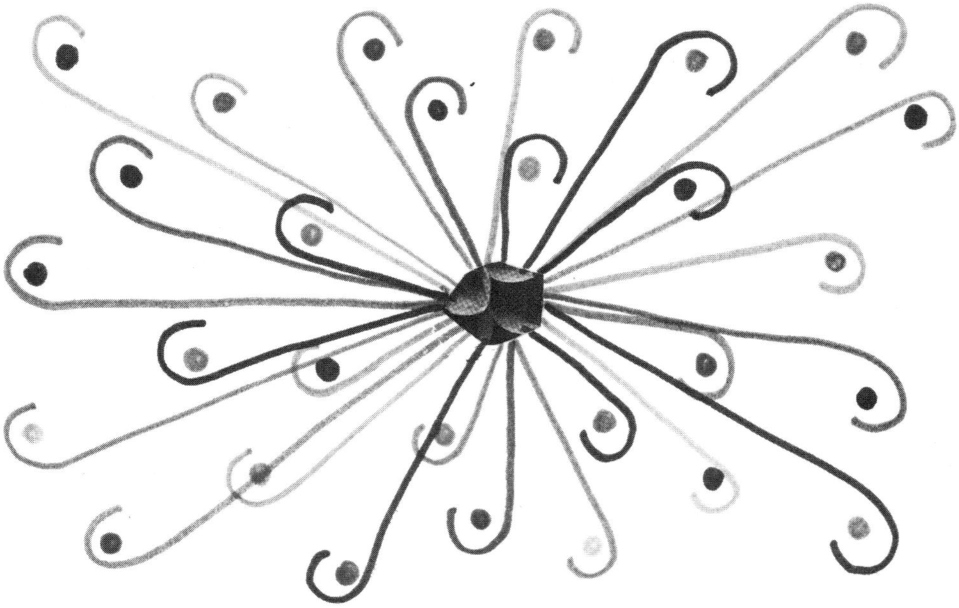

4. Il continue le même tracé. Les lignes se chevauchent, se coupent.

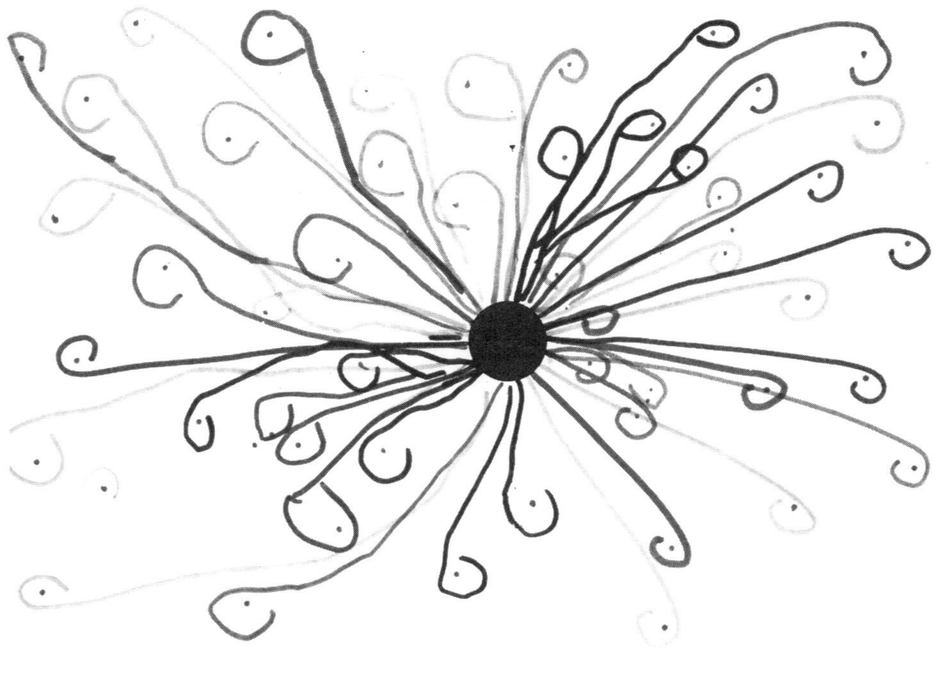

Section des moyens
Format 22/33 cm

gommette centrale
scripteurs : feutres

JEU DE COURBES

26

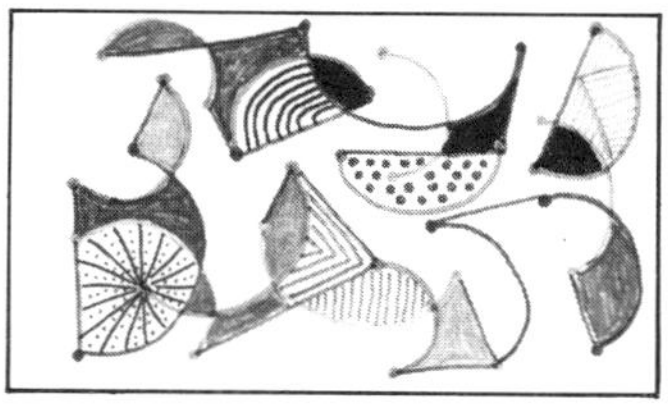

Sections : M.G.CP

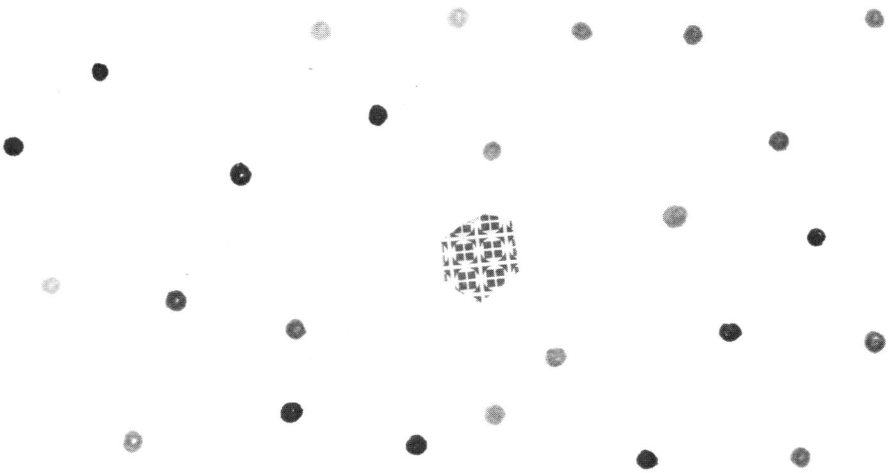

1. Au centre de la feuille, sur un point de repère, l'enfant colle une forme quelconque.
2. Il parsème la feuille de points ou de petits collages.

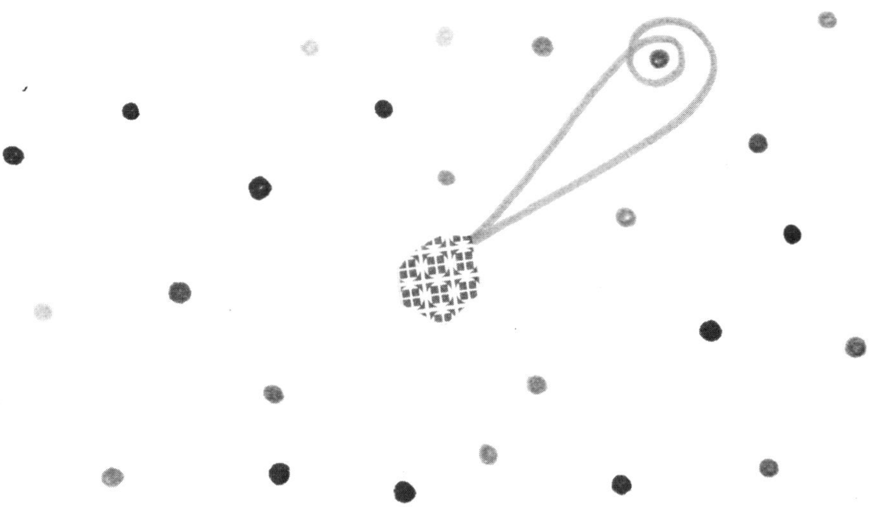

3. Partant de la forme centrale, il trace une ligne vers un point, l'entoure et revient à son point de départ sur la forme centrale.

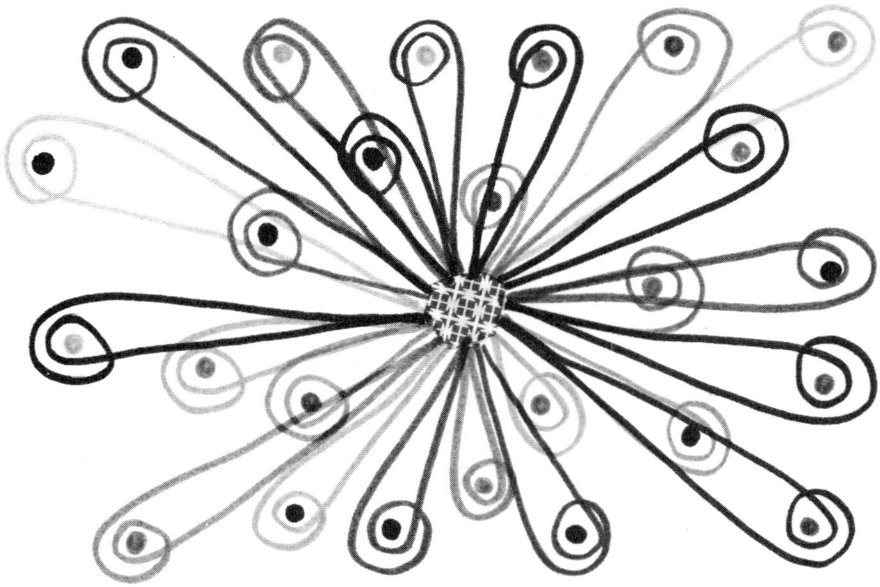

4. Il continue le même tracé. Les lignes se chevauchent, se coupent.

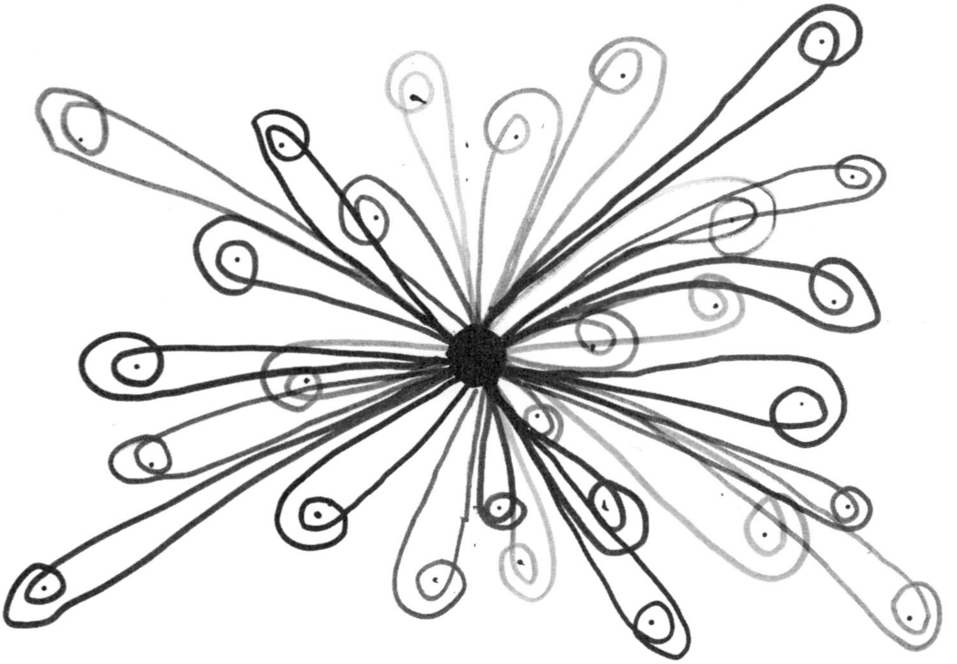

Section des moyens
Format 22/33 cm

scripteurs : feutres

JEU DE COURBES — 27

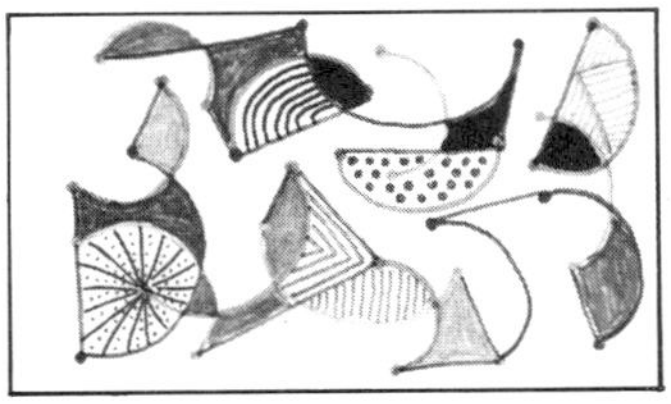

Sections : M.G.CP

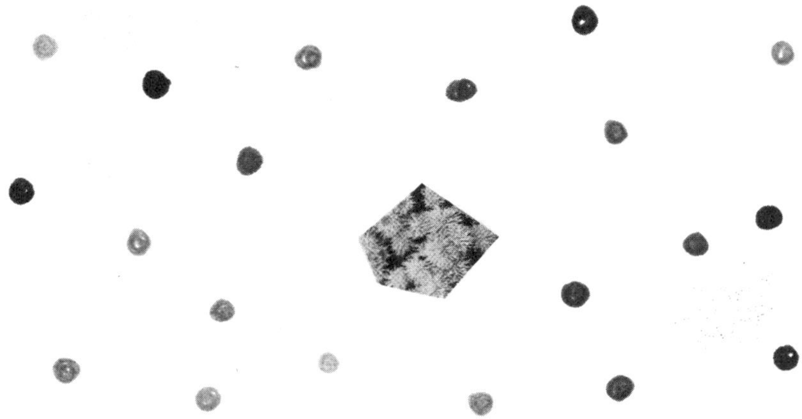

1. Au centre de la feuille, sur un point de repère, l'enfant colle une forme quelconque.
2. Il parsème la feuille de points ou de petits collages.

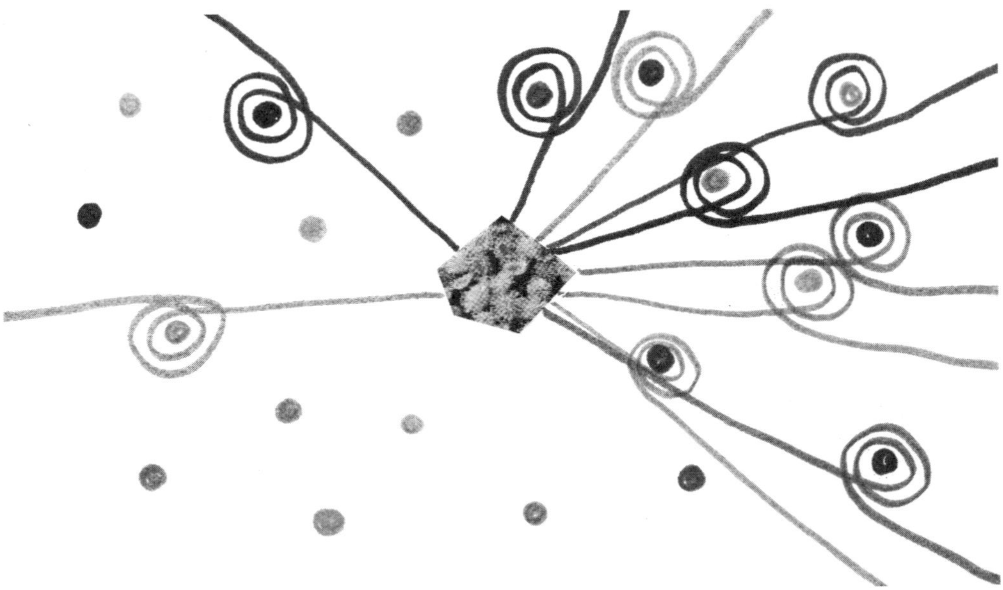

3. Partant de la forme centrale, il trace des lignes rayonnantes, jusqu'aux bords de la feuille, chacune entourant 1, 2 ou 3 fois un point.

Section des moyens
Format 44/28 cm

collage : gommettes
scripteur : pinceau

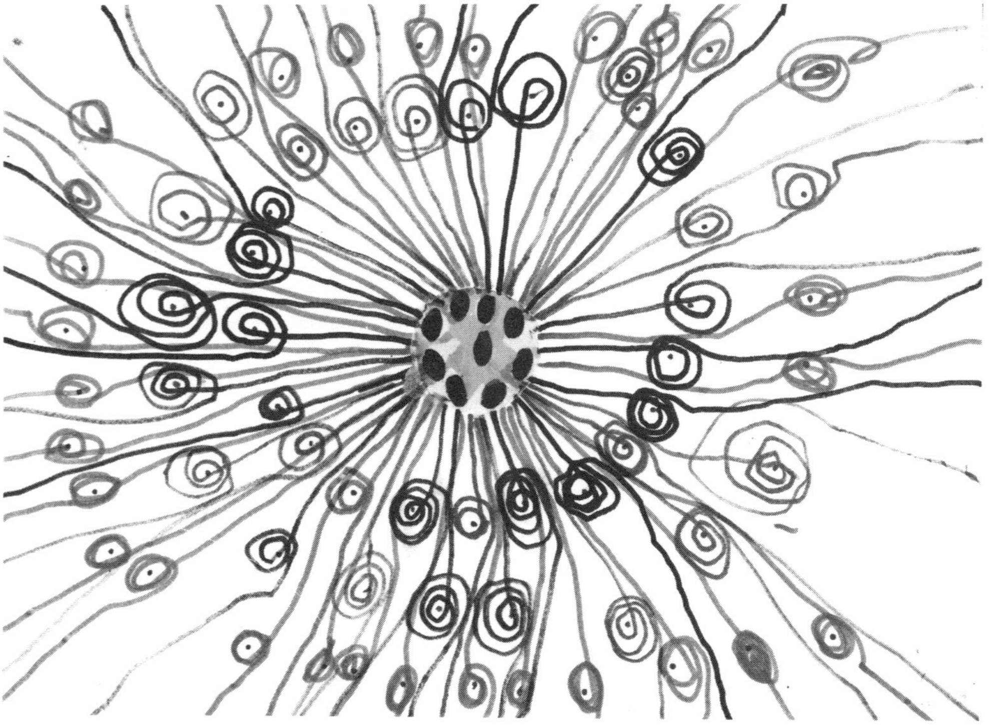

Section des grands
Format 21/30 cm

collage : grains de café
scripteurs : feutres

JEU DE COURBES

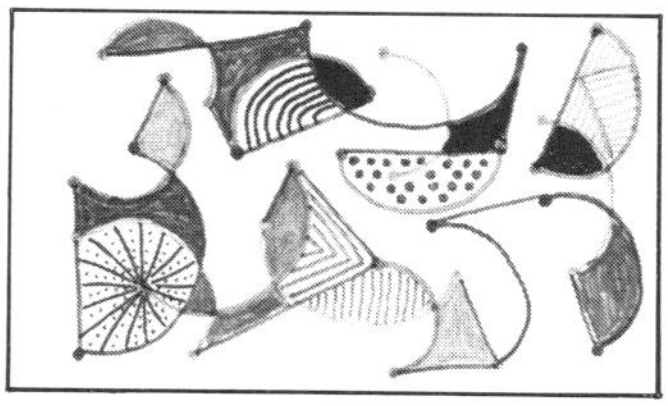

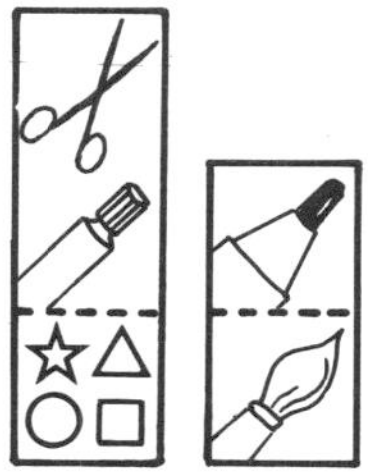

Sections : M.G.

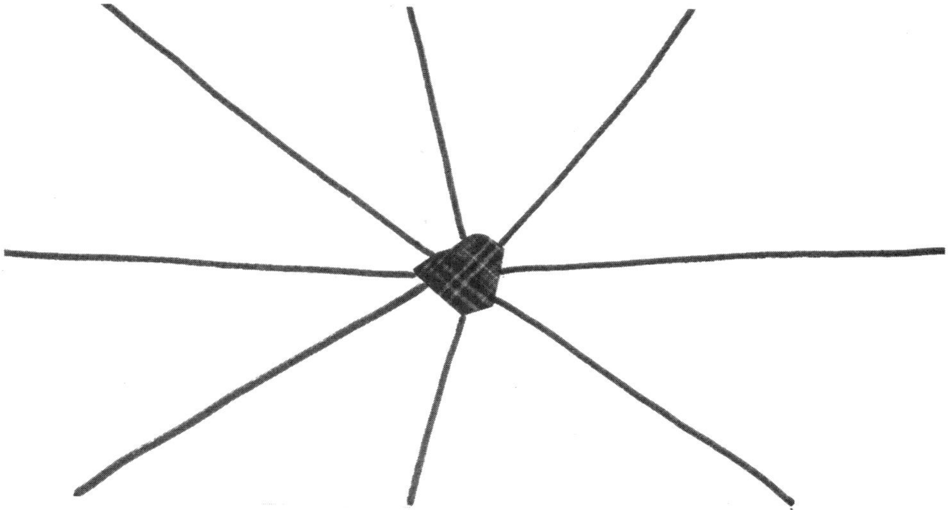

1. L'enfant colle au centre de la feuille, sur un point de repère, une petite forme quelconque.
Partant de cette forme, il trace quelques lignes droites, rayonnantes, jusqu'aux bords de la feuille.

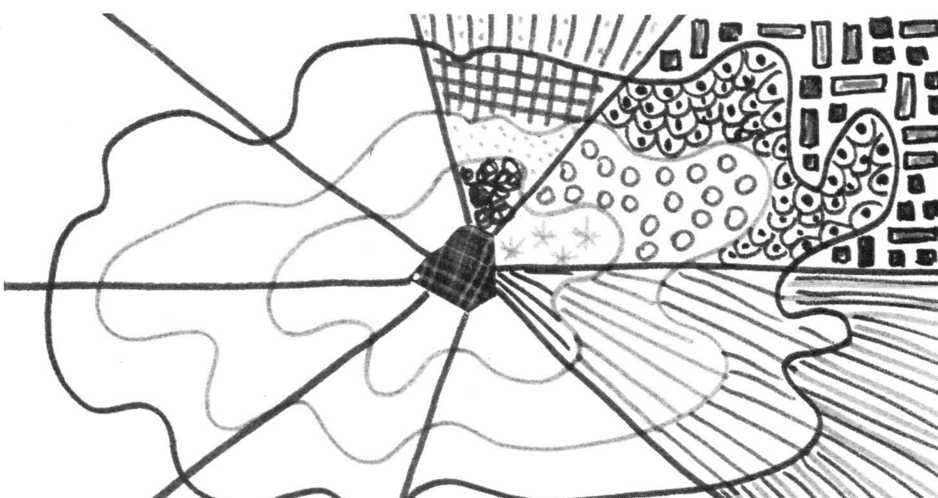

2. Autour de cette forme, il trace 2, 3, 4... lignes courbes, quelconques, fermées.
Décoration libre.

Section des moyens
Format 31/34 cm

collage : gommettes
scripteurs : feutres

Section des grands
Format 35/60 cm environ

scripteurs : feutres

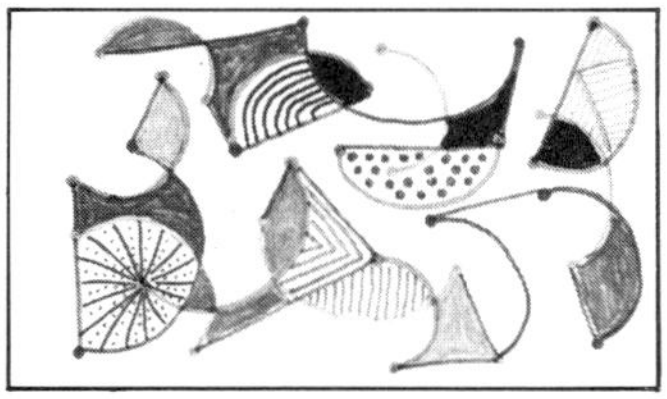

Sections : G.CP

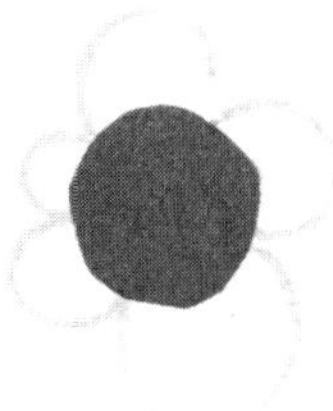

1. Au centre de la feuille, sur un point de repère, l'enfant colle une forme ronde.
2. Autour de cette forme, il trace des arrondis de grandeurs quelconques.

3. Il trace d'autres arrondis, au-dessus des précédents ; points de contact quelconques et grandeurs quelconques.

4. Il continue le même tracé.
Décoration libre.

Section des grands
Format 24/30 cm environ

gommette centrale
scripteurs : marqueurs, feutres

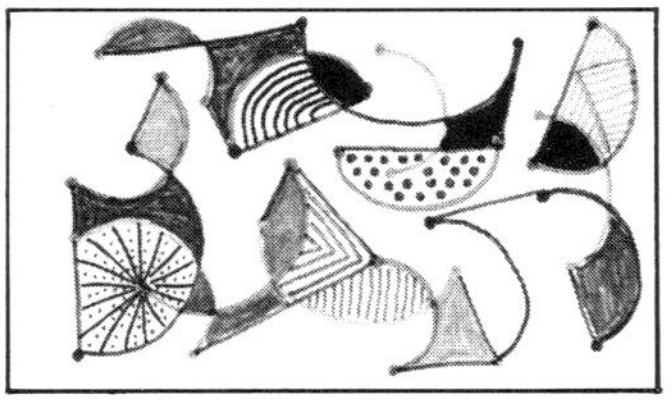

Sections : M.G.CP

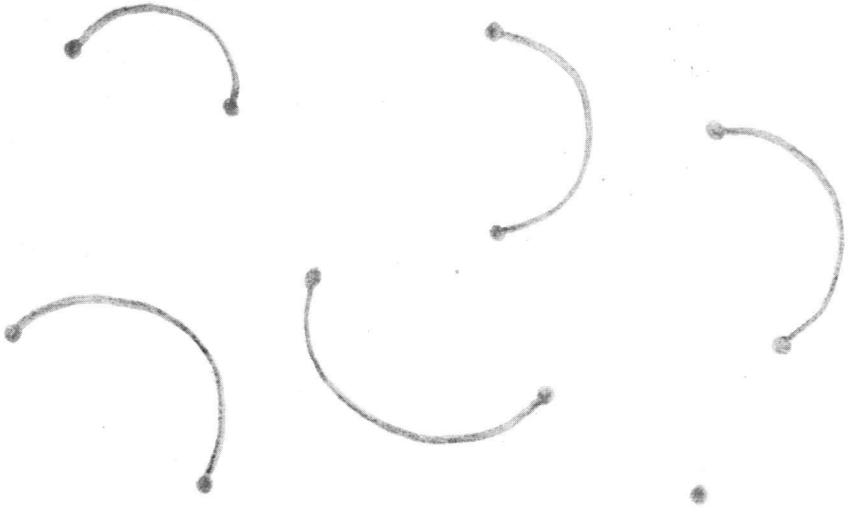

1. L'enfant marque des points n'importe où sur la feuille. Il relie un point quelconque à un autre point quelconque par une ligne courbe. Un point peut être inutilisé.

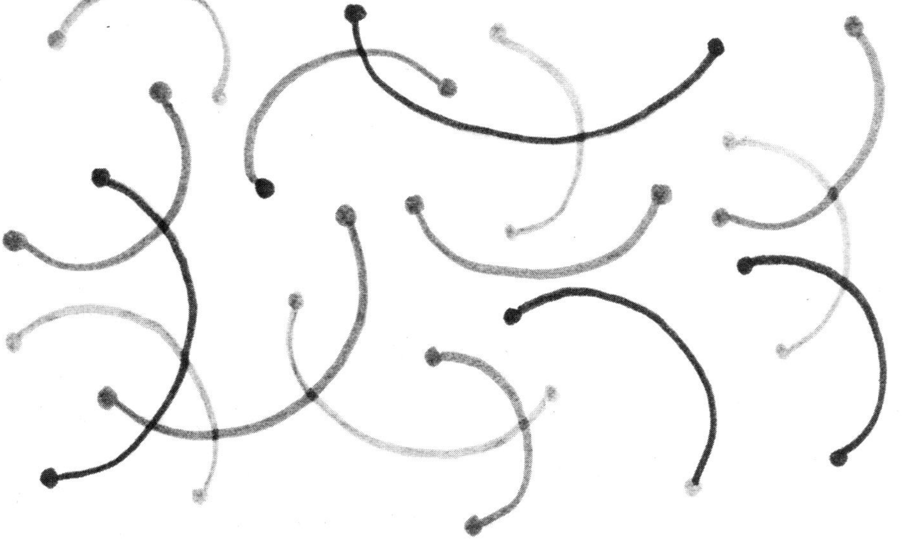

2. Il marque d'autres points n'importe où sur la feuille et fait le même tracé en utilisant le point inutilisé précédemment. De même, il fait une autre série de points...

3 a. Possibilité : il relie par un trait droit deux points quelconques, et répète ce tracé à sa guise (des points peuvent ne pas être utilisés). Il colorie, décore les formes (ou quelques formes) obtenues.

3 b. Possibilité : il relie par un trait droit deux points quelconques, et répète ce tracé en ligne continue. Il colorie, décore les formes (ou quelques formes) obtenues.

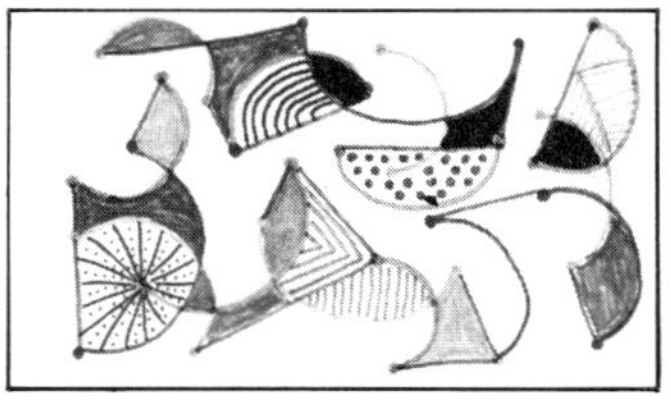

Sections : M.G.CP

1. L'enfant colle une forme ronde au centre de la feuille (sur un point de repère) et aligne des points sur chaque côté de la feuille.

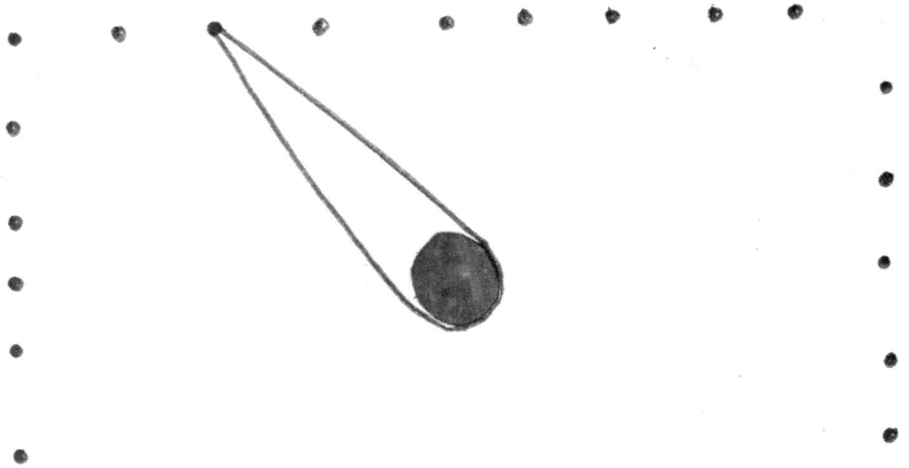

2. Partant d'un point quelconque, il trace une ligne contournant la forme centrale en la touchant, et revenant à son point de départ.

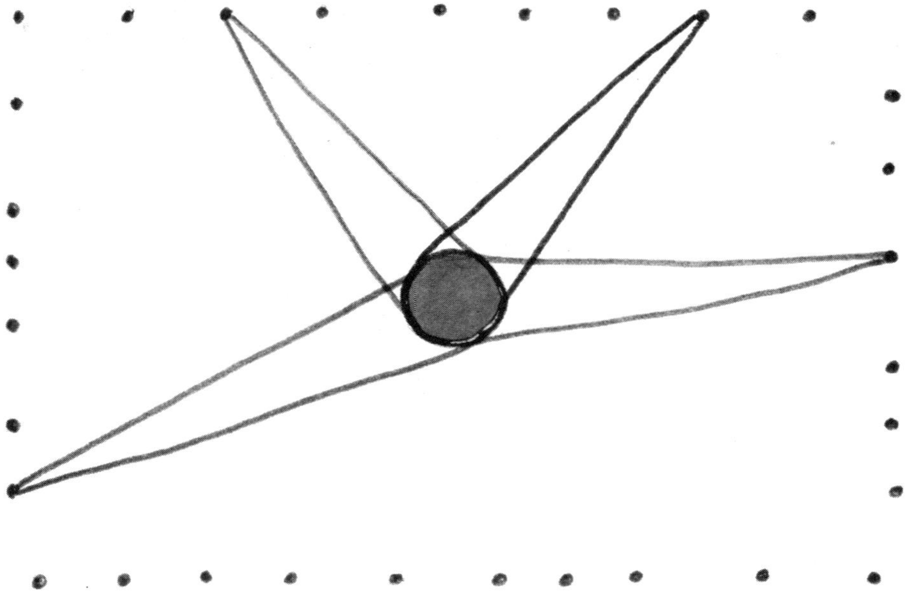

3. Même tracé à partir de chaque point.

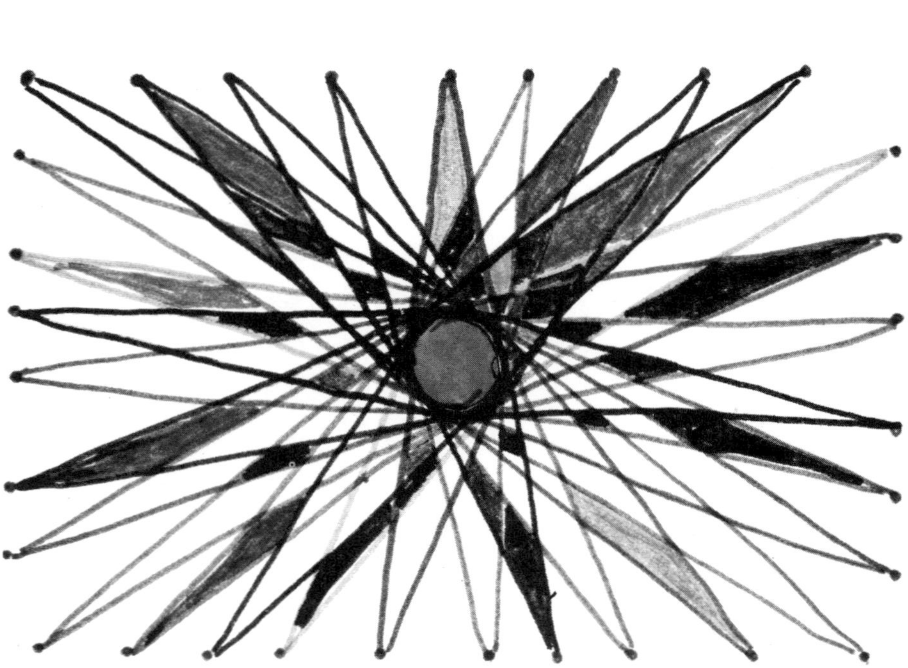

4. Il peut colorier quelques formes obtenues (ou toutes les formes).

JEU DE COURBES

32

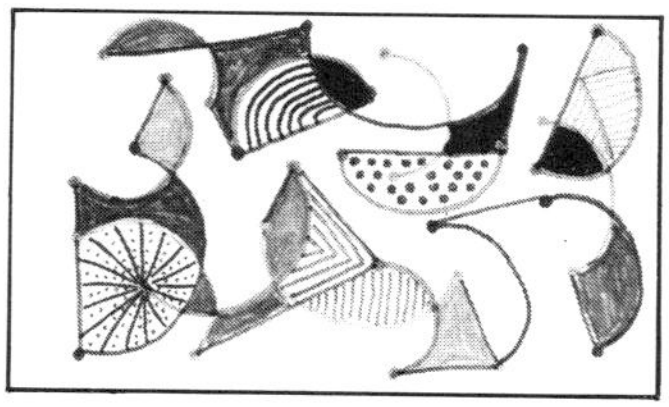

Sections : M.G.

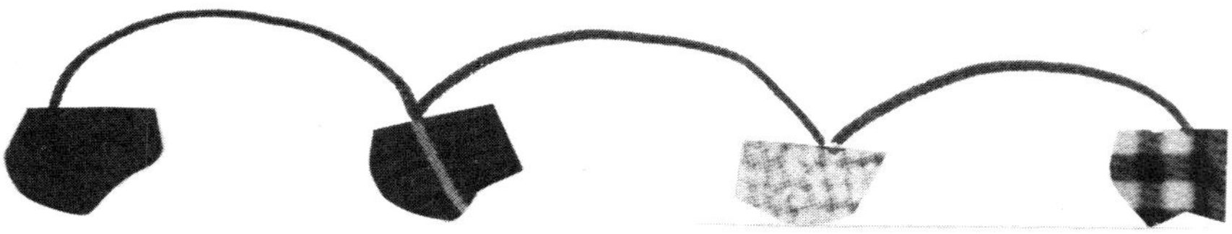

1. Au bas de la feuille, sur des points de repère, l'enfant colle quelques formes quelconques équidistantes.
2. Partant de la première forme, il trace une ligne arrondie jusqu'à la deuxième forme, et de même jusqu'à la dernière forme.

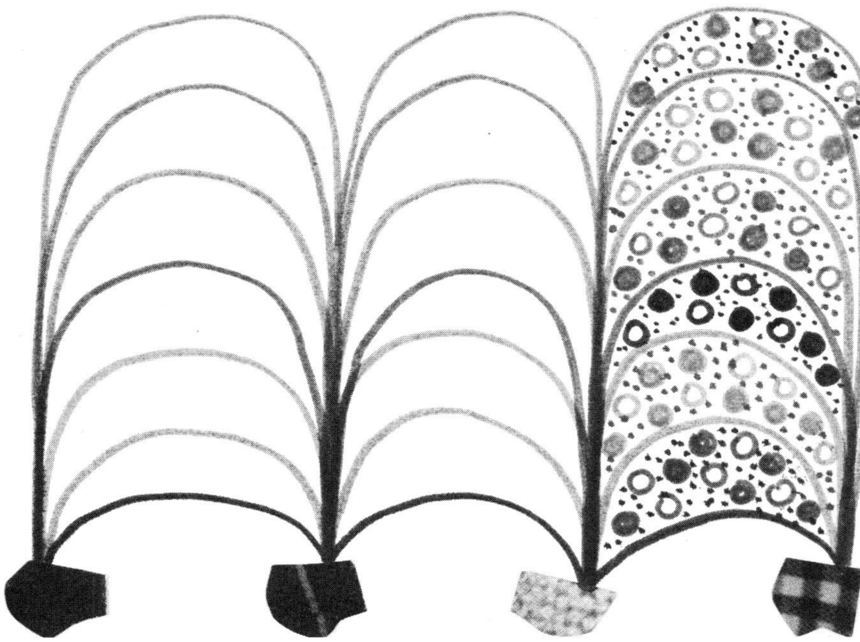

3. Au-dessus de ces arrondis, il trace une autre ligne, les arrondis revenant aux mêmes points de contact sur les formes. Il continue le même tracé. Les lignes successives sont espacées.

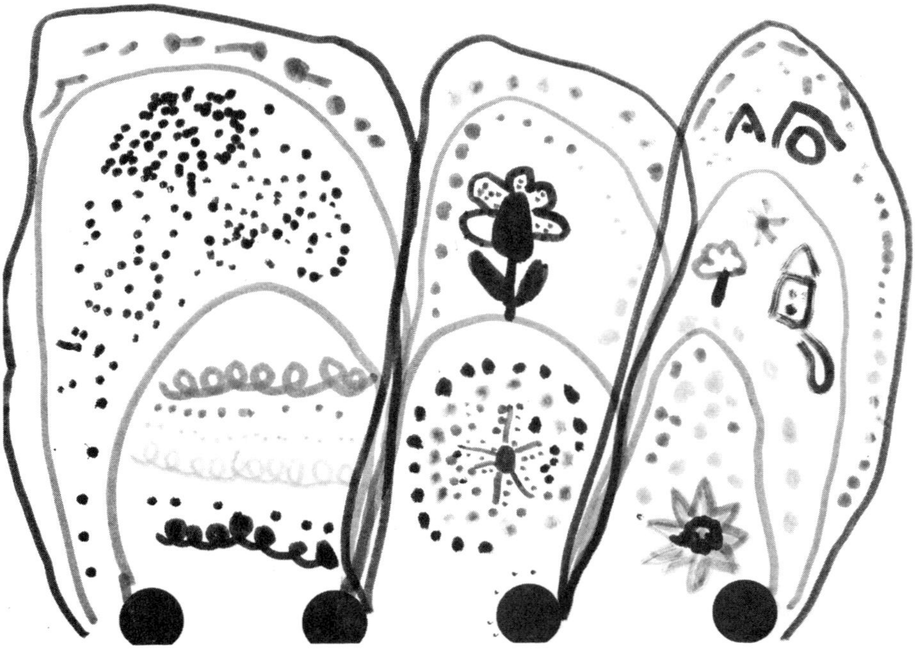

Section des moyens
Format 23/32 cm

collage : gommettes
scripteurs : marqueurs

Section des grands
Format 21/30 cm

collage : papier
scripteurs : feutres

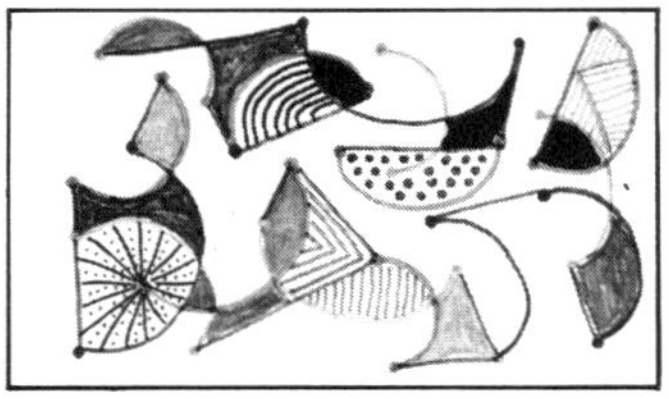

Sections : G.CP

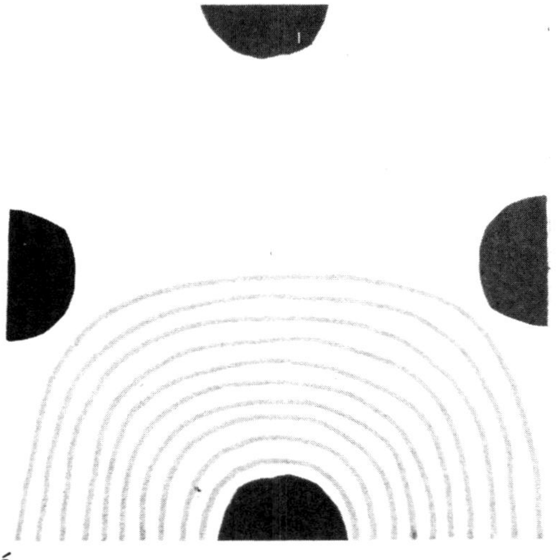

Format carré conseillé

1. Contre les bords de la feuille, au milieu de chaque côté, sur des points de repère, l'enfant colle des demi-cercles.
2. Il trace le contour d'une forme collée, et continue en traçant des lignes successives jusqu'aux bords de la feuille.

3. Même tracé autour de chaque forme collée. Il peut colorier quelques petites formes.

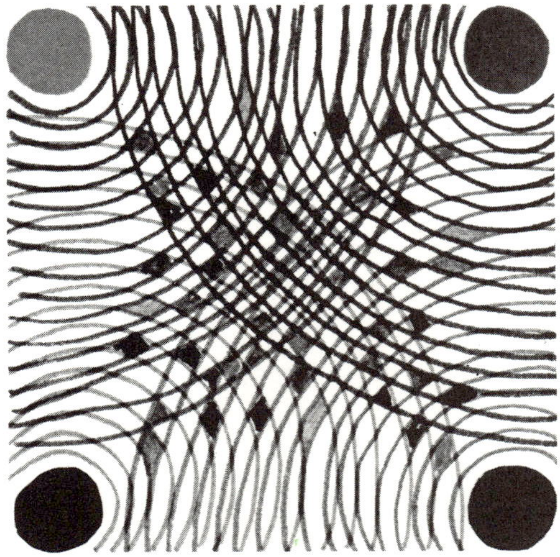

Mêmes tracés, mais les formes sont rondes et collées dans les angles de la feuille.

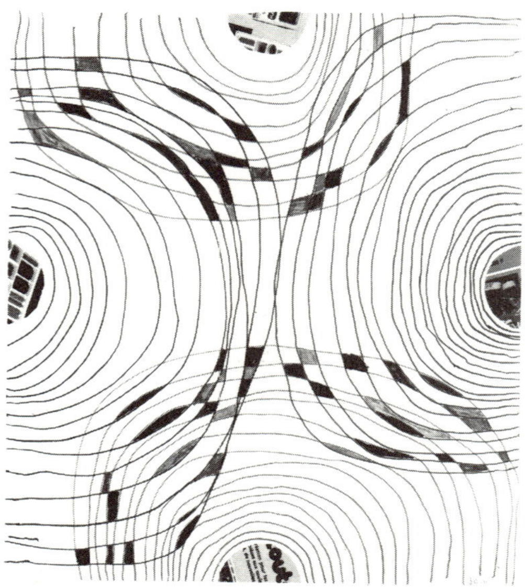

Section des grands
Format 30/33 cm

collage : papier de catalogue
scripteurs : feutres

JEU DE COURBES

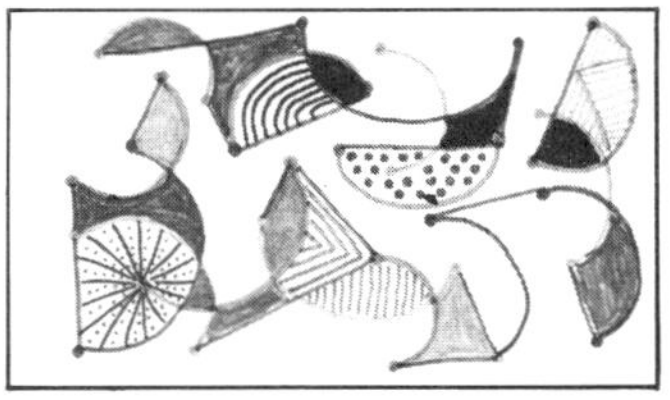

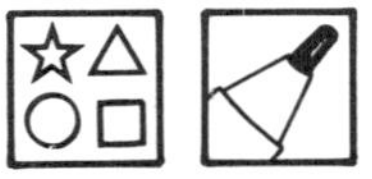

Sections : M.G.CP

1. Au centre de la feuille, sur un point de repère, l'enfant colle une forme ronde, et trace, autour de cette forme, des arrondis en ligne continue.

2. Il fait le même tracé au-dessus du précédent et trace ainsi des festons.

3. Il continue le même tracé.

Section des grands
Format 23/23 cm

scripteurs : feutres

Sections : G.CP

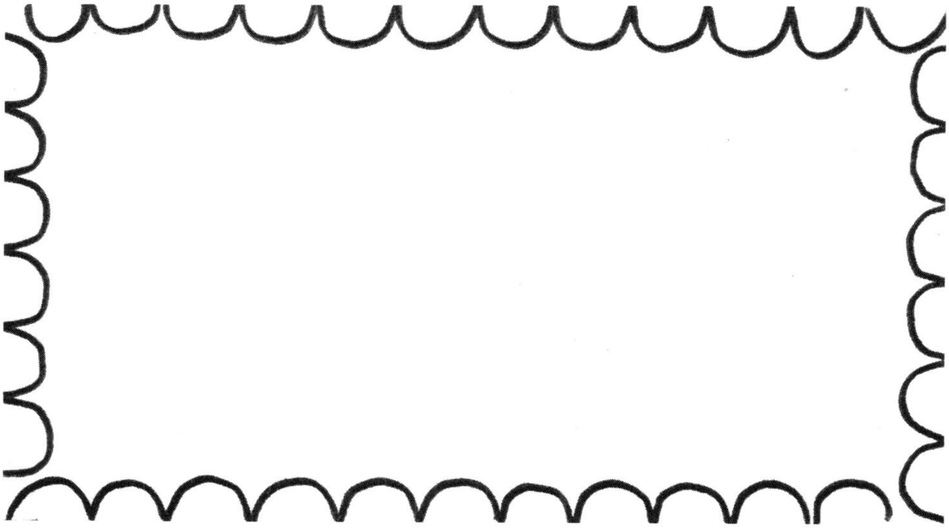

1. L'enfant trace des arrondis en ligne continue, sur chaque côté de la feuille.

2. Il fait le même tracé au-dessus du précédent et trace ainsi des festons.

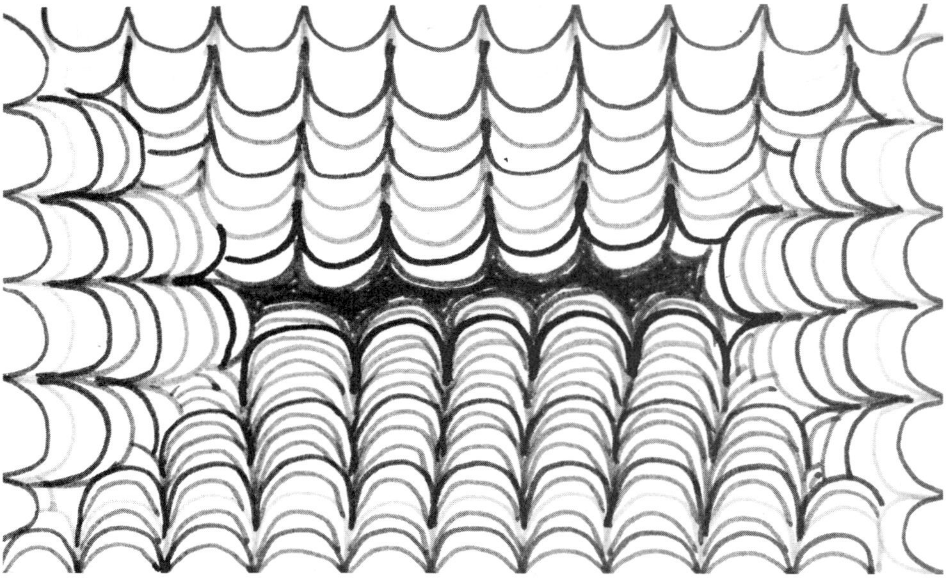

3. Il continue le même tracé.
Il peut tracer un arrondi supplémentaire à l'intérieur de chaque feston.

Section des grands
Format 24/33 cm

scripteurs : feutres

JEU DE COURBES

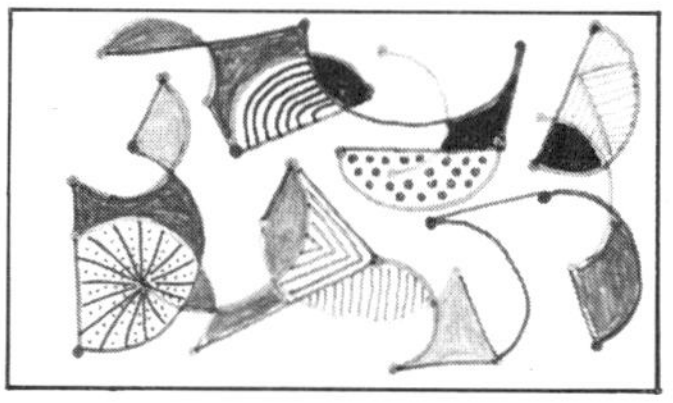

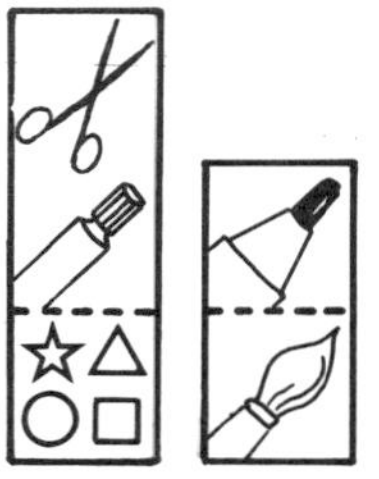

Sections : G.CP

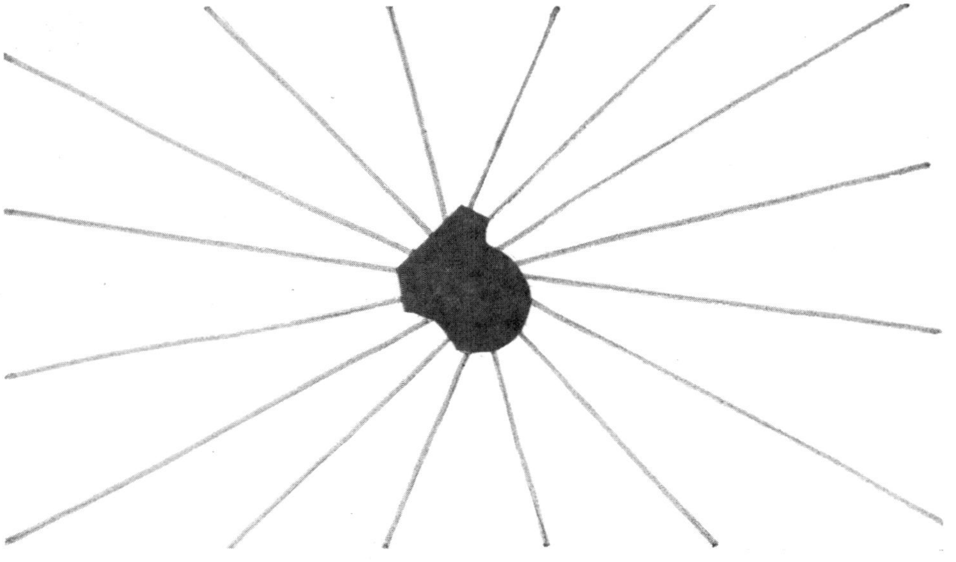

1. L'enfant colle au centre de la feuille une forme quelconque (sur point de repère), à partir de laquelle il trace des lignes droites rayonnantes, jusqu'aux bords de la feuille.

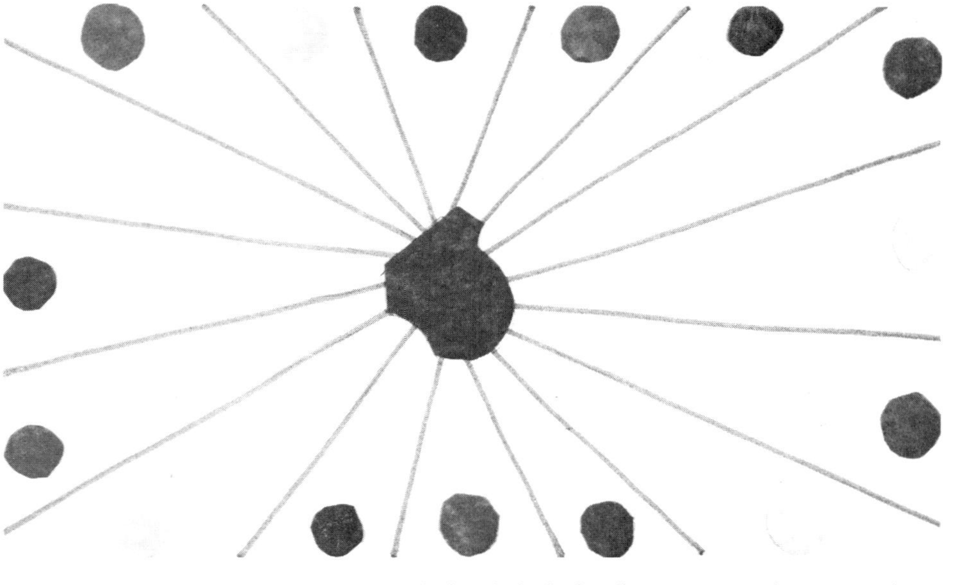

2. Entre chaque droite, il colle contre le bord de la feuille une petite forme ronde.

3. Dans un secteur, il trace une ligne courbe partant d'un rayon (bord de feuille) passant au-dessous de la forme ronde (ou au-dessus) et se terminant à l'autre rayon (bord de feuille). Il continue ce tracé jusqu'à la forme centrale.

4. Même tracé dans tous les secteurs.

JEU DE COURBES

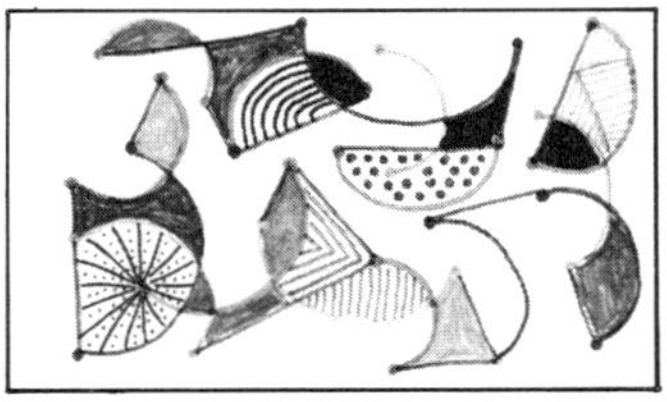

Sections : M.G.CP

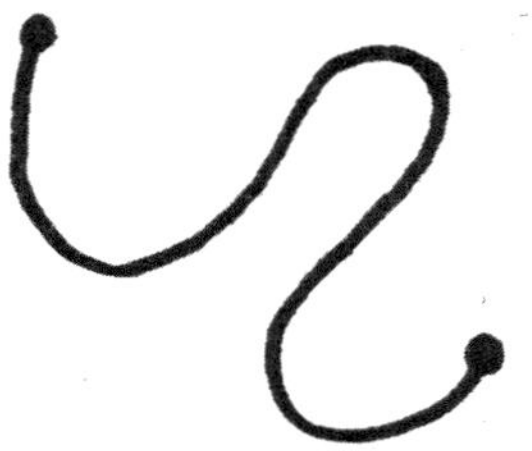

1. L'enfant marque un point n'importe où sur la feuille, à partir duquel il trace une petite ligne courbe quelconque qu'il termine par un point.

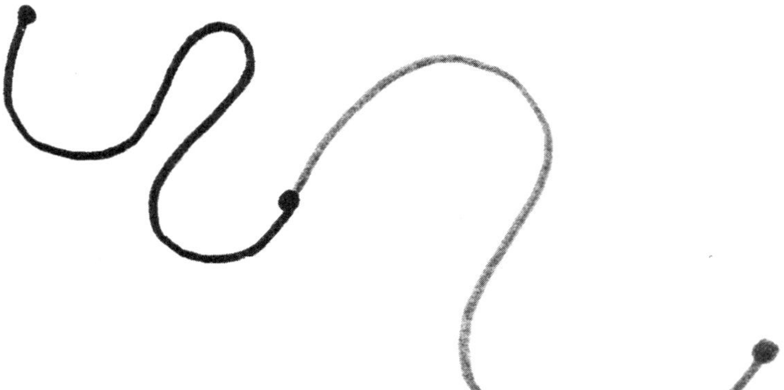

2. A partir de ce dernier point, il trace une autre ligne courbe quelconque et la termine par un point.

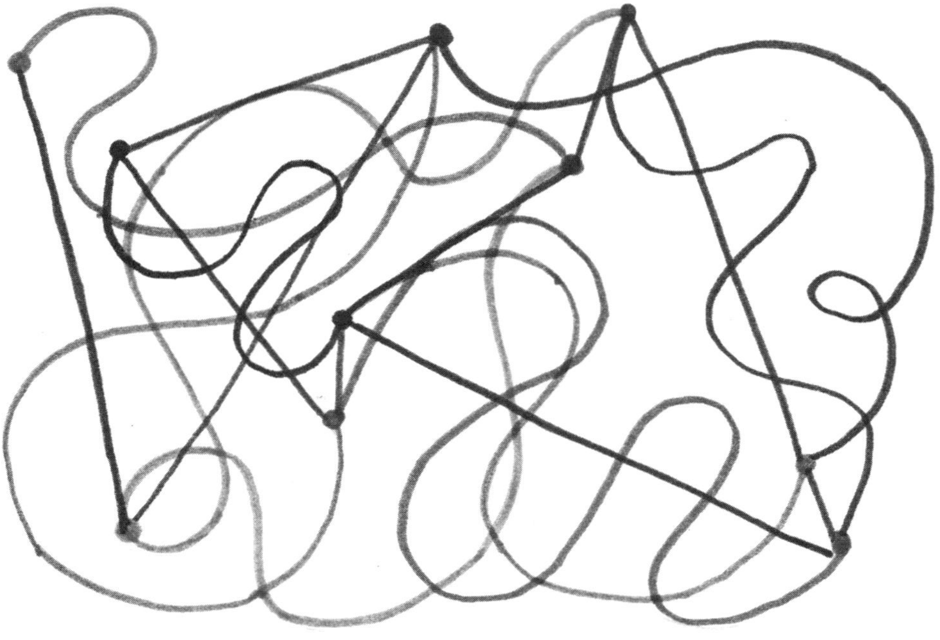

3. Il trace de la même manière quelques lignes courbes quelconques. Puis il joint par des lignes droites les points (tracé quelconque).

4. Il colorie, décore les formes obtenues.

Sections : M.G.

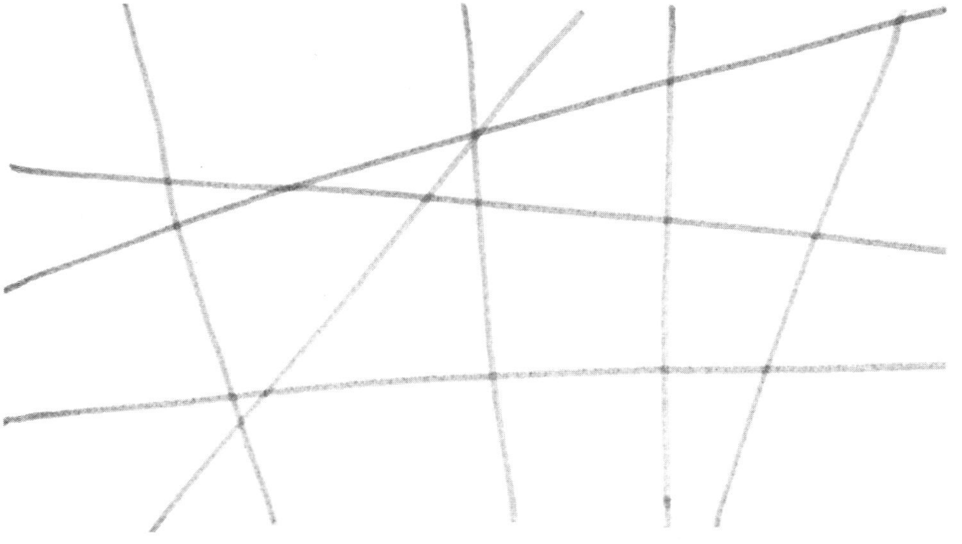

1. L'enfant trace des lignes droites, de haut en bas, de gauche à droite : les lignes tracées dans un même sens peuvent se couper.

2. Décoration libre.

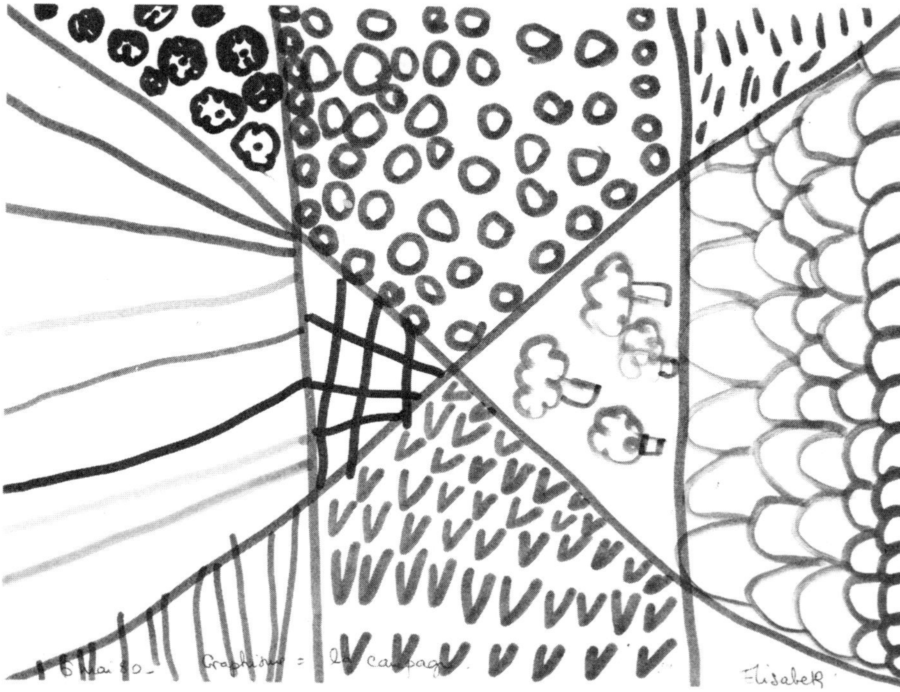

Section des moyens
Format 24/32 cm

scripteurs : marqueurs

Section des grands : décoration collective
Format 44/47 cm

scripteurs : craies grasses, feutres

Sections : M.G.CP

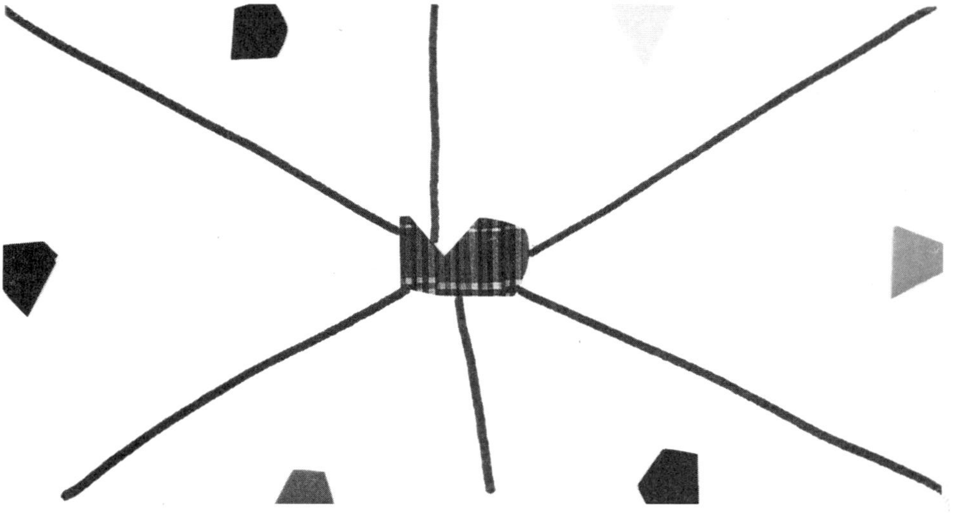

1. Au centre de la feuille, sur un point de repère, l'enfant colle une forme quelconque.
2. Partant de cette forme, il trace des lignes droites, rayonnantes, espacées, jusqu'aux bords de la feuille.
3. Au bas de chaque secteur, au milieu (point de repère) et contre le bord de la feuille, il colle une petite forme quelconque.

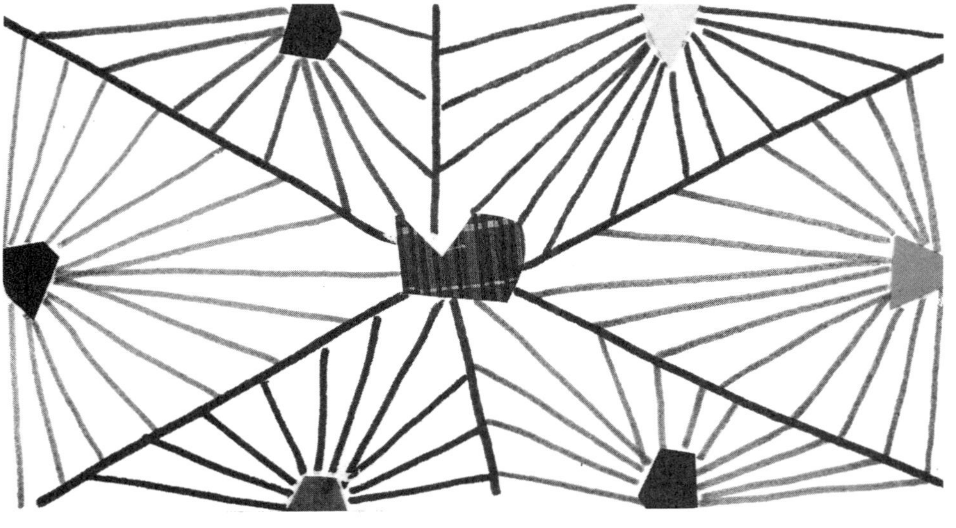

4. Partant de ces petites formes, il trace des lignes droites rayonnantes.

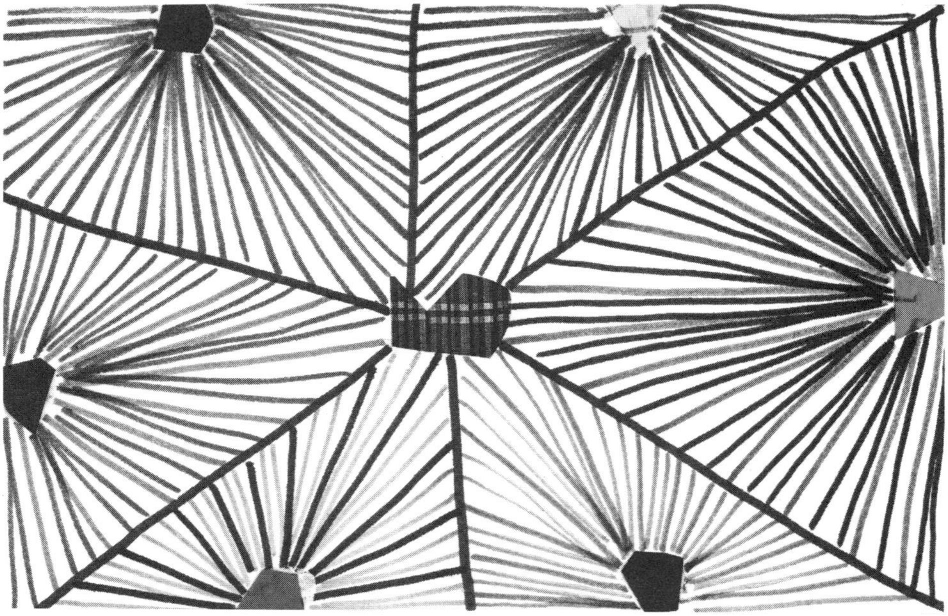

5. Entre ces lignes, il trace d'autres lignes droites rayonnantes.

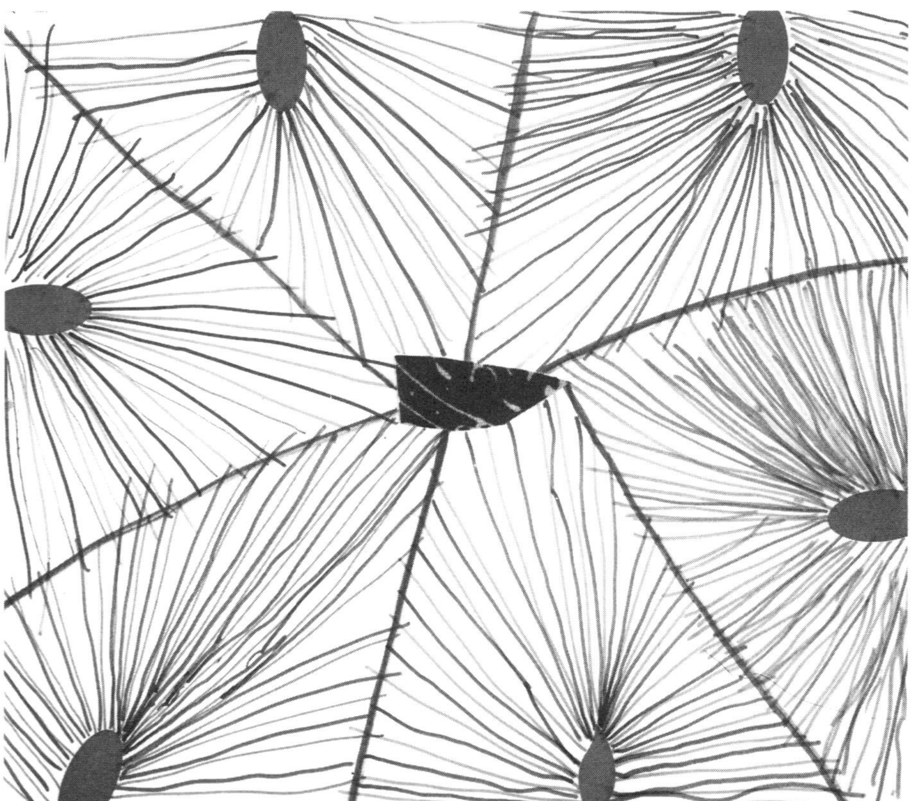

Section des moyens
Format 31/35 cm

collage : papier peint, gommettes
scripteurs : marqueurs, feutres

Sections : M.G.

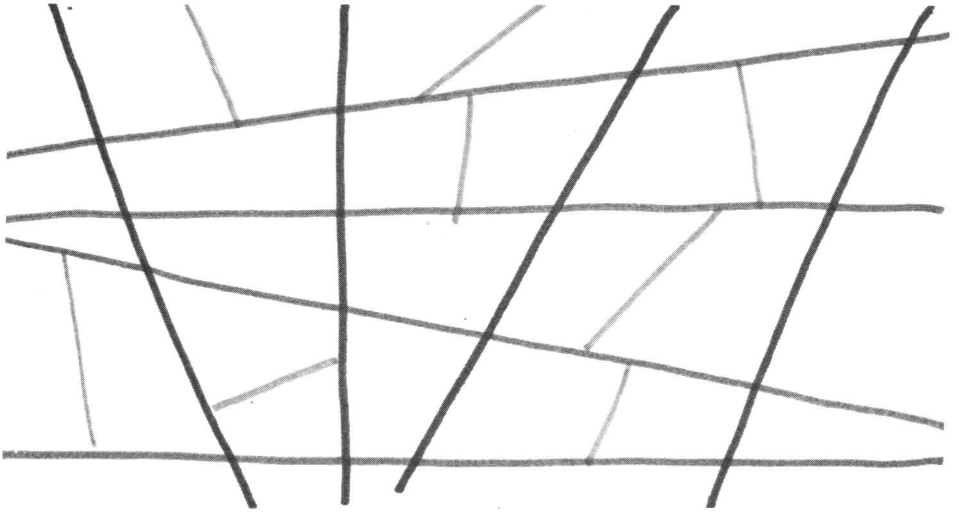

1. L'enfant trace des lignes droites, espacées, de haut en bas et de gauche à droite de la feuille : les lignes tracées dans un même sens ne doivent pas se couper.
2. Dans quelques grandes formes obtenues, il trace une ligne droite joignant deux côtés opposés.

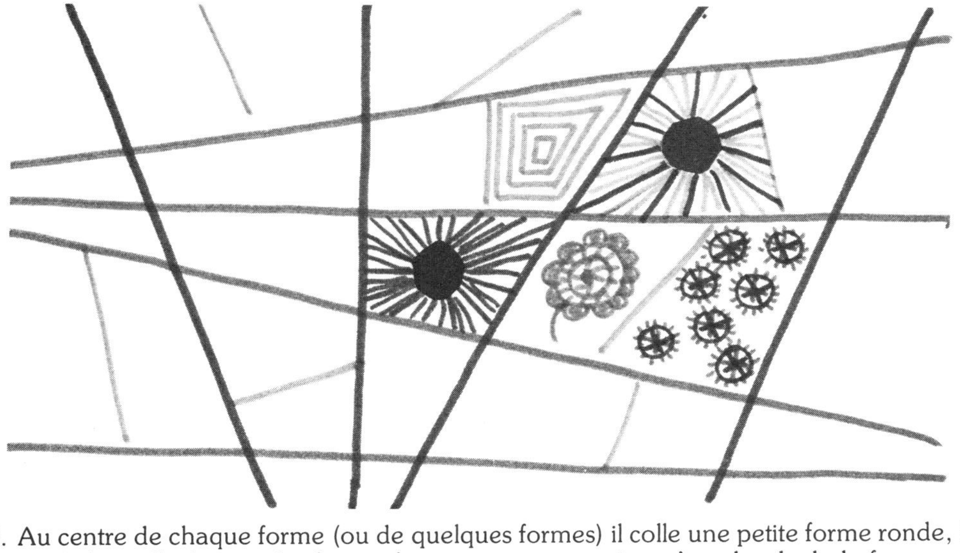

3. Au centre de chaque forme (ou de quelques formes) il colle une petite forme ronde, à partir de laquelle il trace des lignes droites rayonnantes jusqu'aux bords de la forme ou décoration libre.

Section des grands scripteurs : marqueurs, feutres
Format 28/31 cm

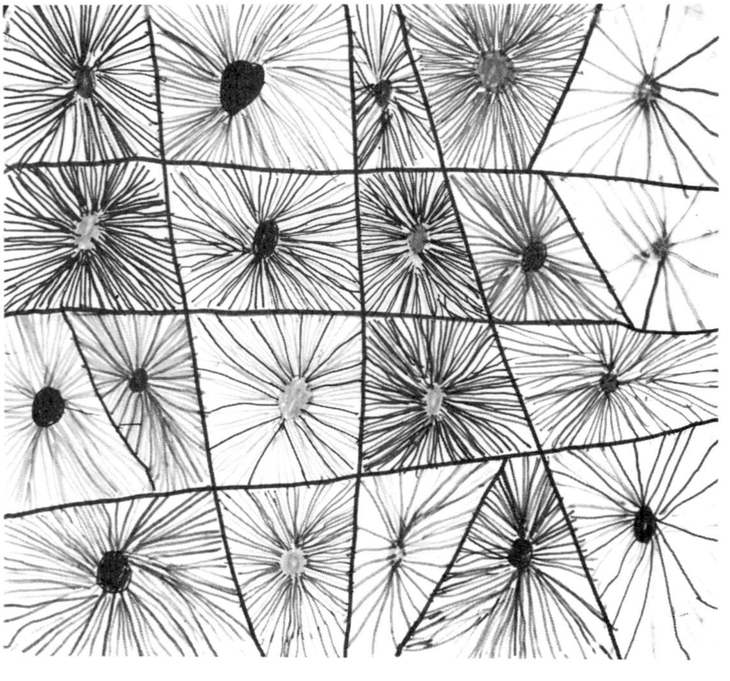

Section des grands scripteurs : marqueurs, feutres
Format 28/31 cm

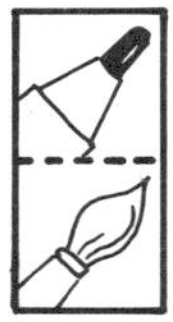

Sections : M.G.

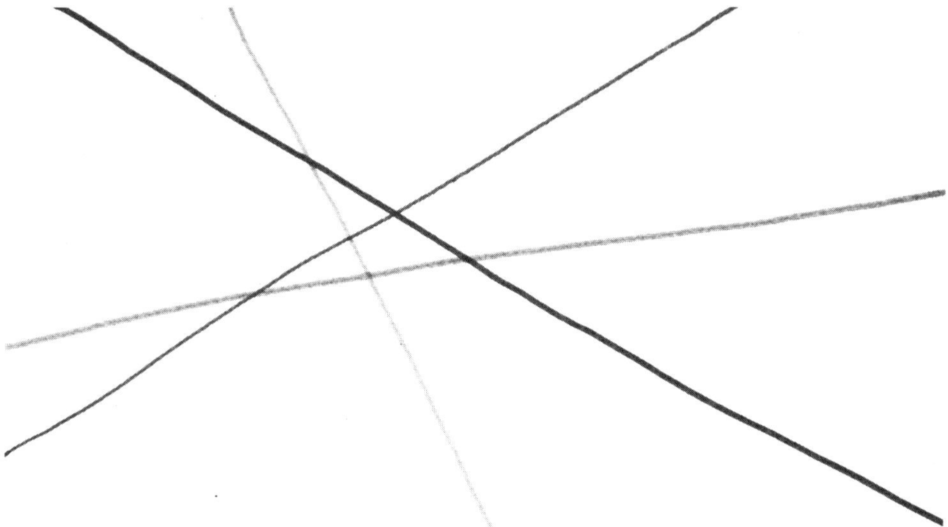

1. Partant d'un bord quelconque de la feuille, l'enfant trace une ligne droite, jusqu'à un autre bord quelconque de la feuille.

2. Il fait de nombreux tracés.
Il peut colorier quelques petites formes.

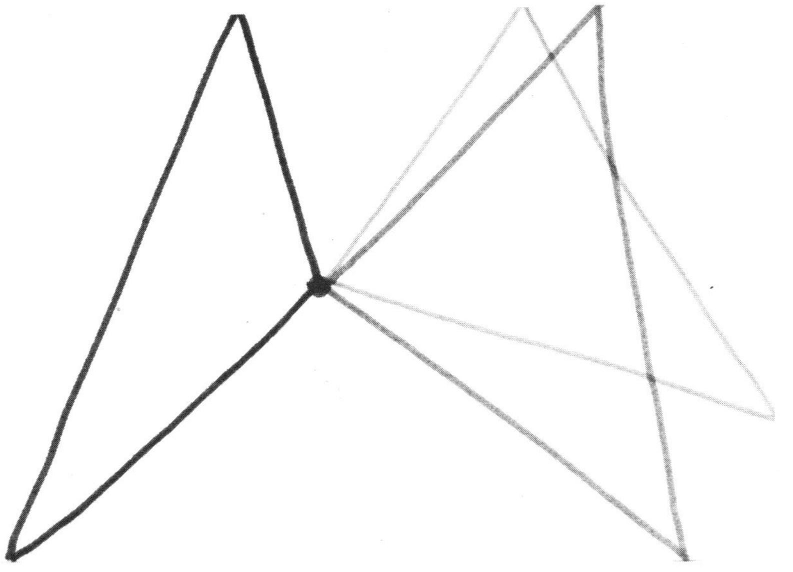

1. L'enfant marque un point central, sur un point de repère. Partant de ce point, il trace une ligne droite qui touche un bord quelconque de la feuille, puis un autre bord quelconque et revient au point central.

2. Il fait de nombreux tracés.
Il peut colorier quelques petites formes.

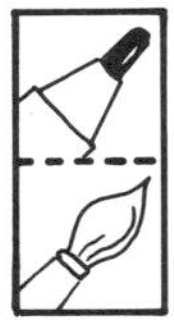

Sections : G.CP

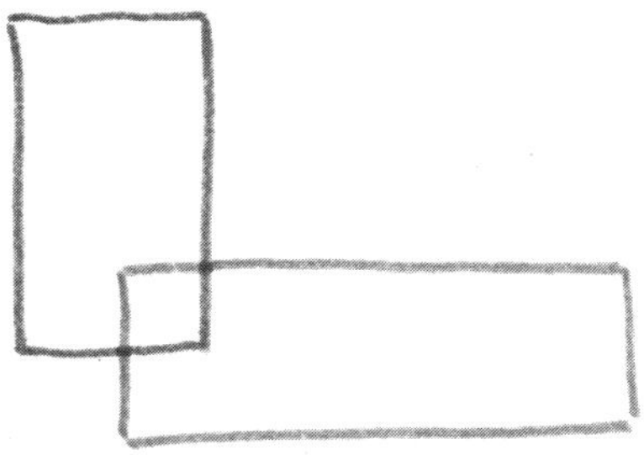

1. L'enfant trace une forme géométrique.
2. Il trace une autre forme, identique ou différente, de grandeur quelconque, qui coupe la précédente.

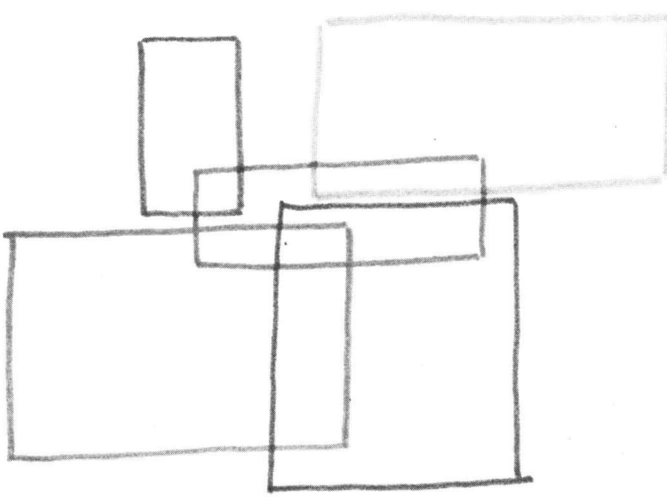

3. Il continue le même tracé. Les formes coupent 1, 2, 3... formes voisines.

1. A l'intérieur des formes obtenues, il peut faire une décoration libre, cerner l'intérieur des formes (lignes successives)...

Le même tracé peut se faire avec des formes géométriques et des formes quelconques ; avec uniquement des formes quelconques.

JEU DE DROITES

Sections : M.G.CP

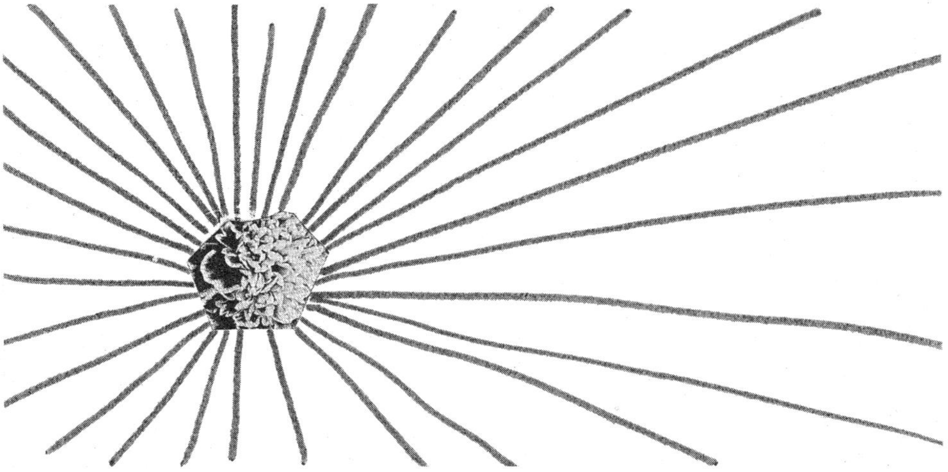

1. L'enfant découpe ou déchiquète quelques formes quelconques (papier...). Il colle une forme n'importe où sur la feuille et trace, à partir de celle-ci, des lignes droites, rayonnantes, jusqu'aux bords de la feuille.

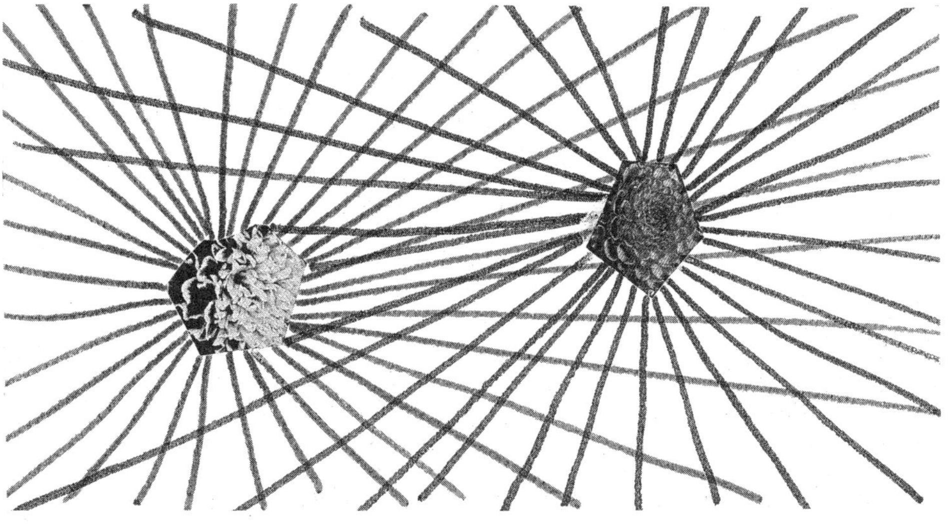

2. Il colle une autre forme, n'importe où sur la feuille, sur des lignes déjà tracées. Il fait le même tracé jusqu'aux bords de la feuille, mais les lignes s'arrêtent lorsqu'elles rencontrent la première forme (l'obstacle).

3. Il colle une troisième, une quatrième... forme et fait le même tracé.

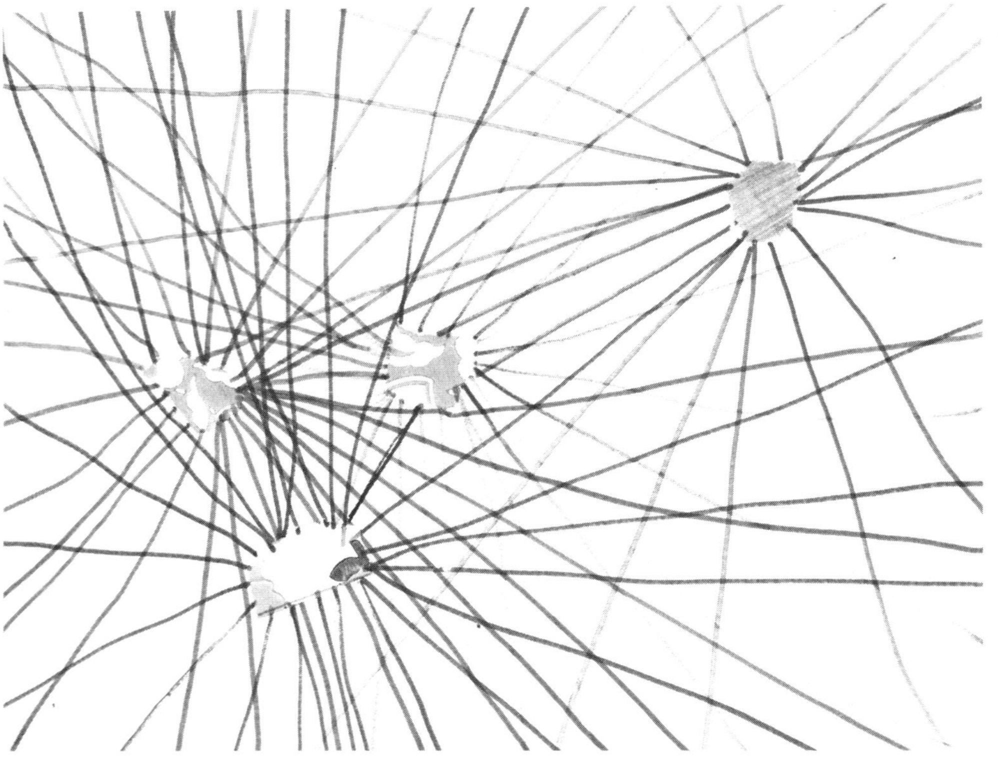

Section des moyens
Format 24/32 cm

collage : papier peint
scripteurs : feutres

JEU DE DROITES

44

Sections : G.CP

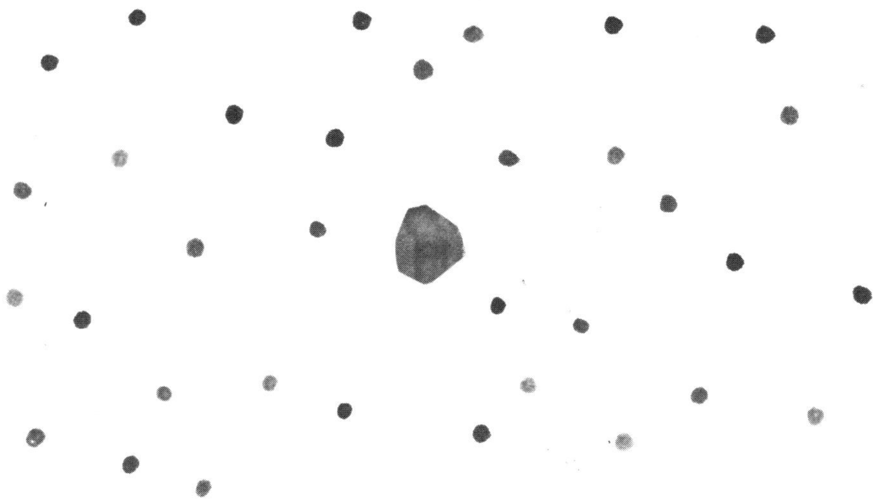

1. Au centre de la feuille, l'enfant colle une forme quelconque sur un point de repère.
2. Il parsème la feuille de points.

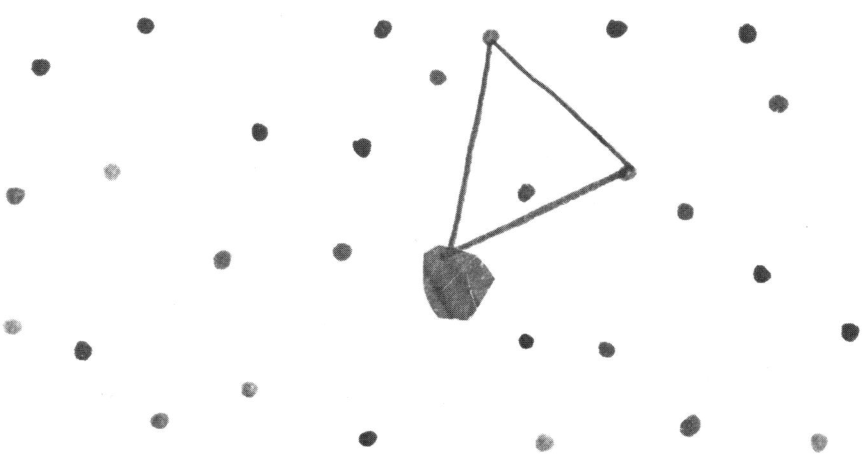

3. Partant de la forme centrale, il trace une ligne droite jusqu'à un point quelconque ; de ce point, il trace une ligne droite jusqu'à un autre point quelconque ; et de ce point trace une ligne droite qui revient à son point de départ.

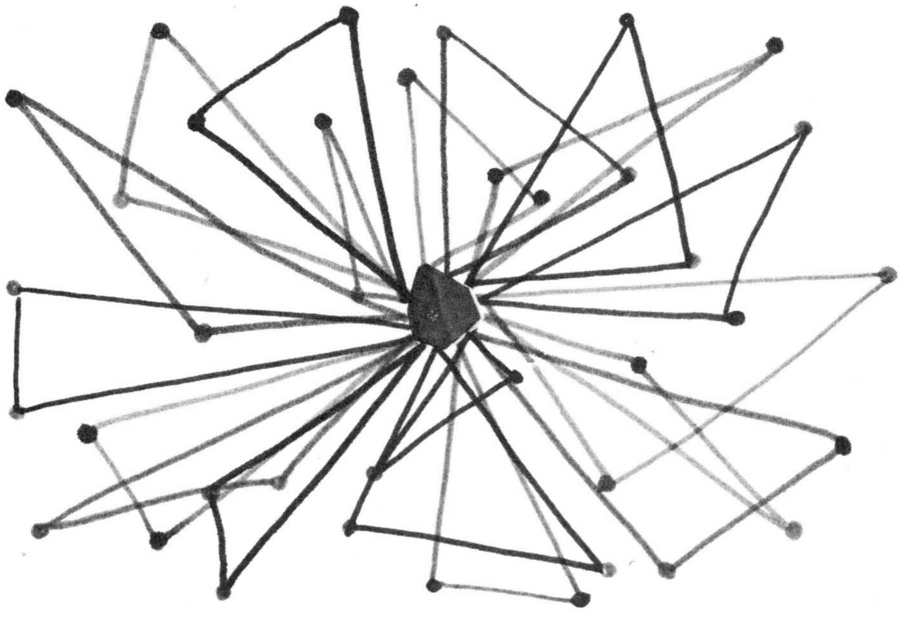

4. Même tracé en utilisant tous les points.

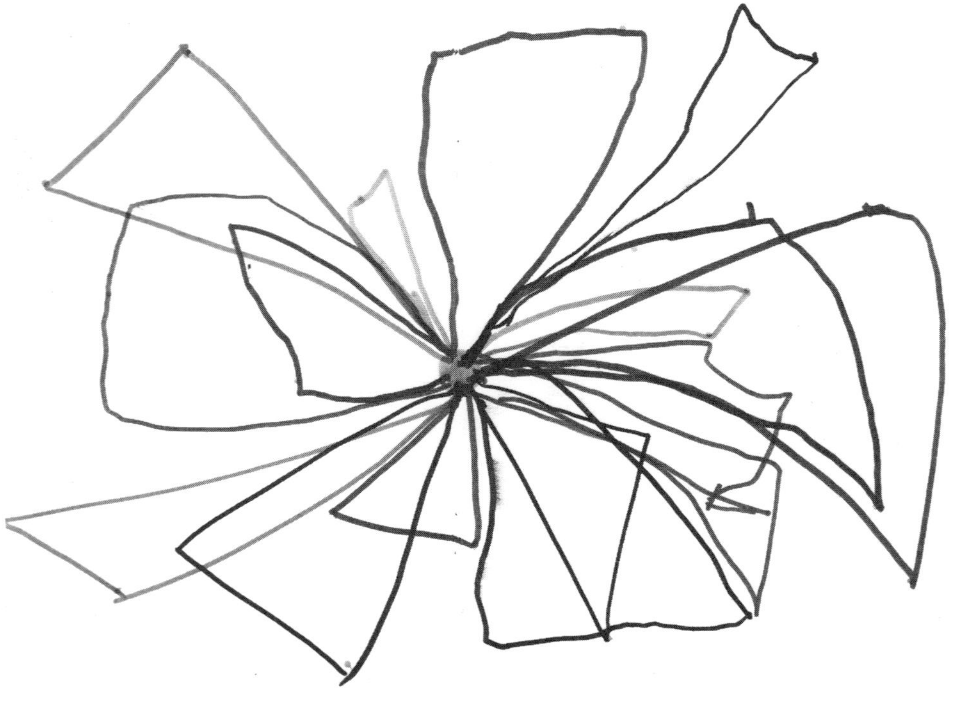

Section des moyens
Format 22/34 cm

scripteurs : feutres

JEU DE DROITES 45

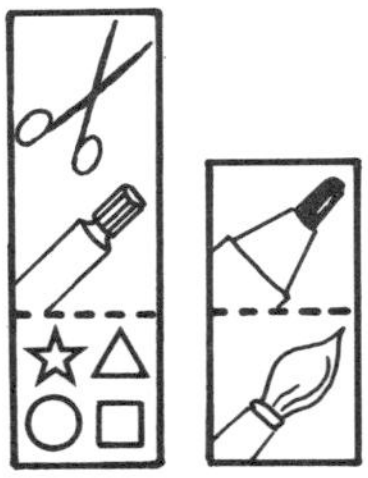

Sections : M.G.CP

1. L'enfant découpe ou déchiquète quatre formes quelconques.
Contre le bord de la feuille, au milieu de chaque côté (sur point de repère), il colle une forme.

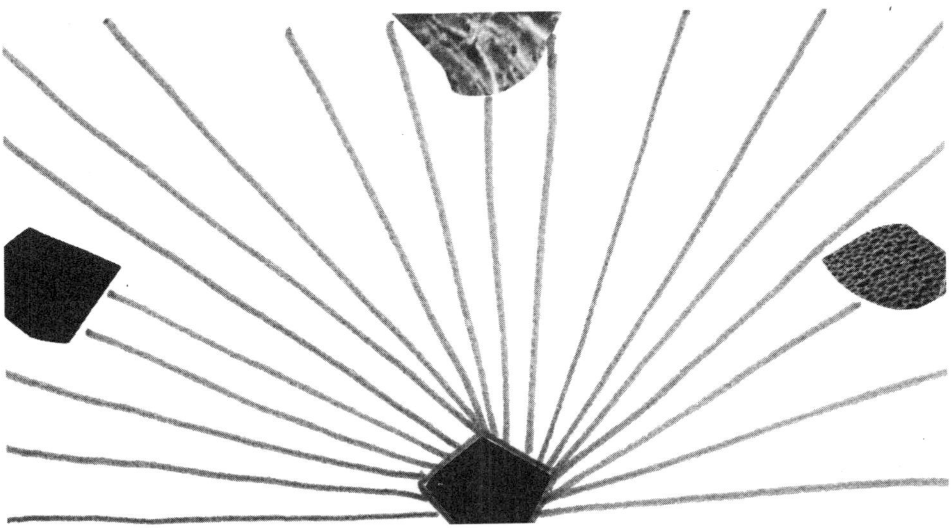

2. Il trace le contour d'une forme, puis partant de celle-ci, il trace des lignes droites rayonnantes jusqu'aux bords de la feuille, en s'arrêtant aux formes collées.

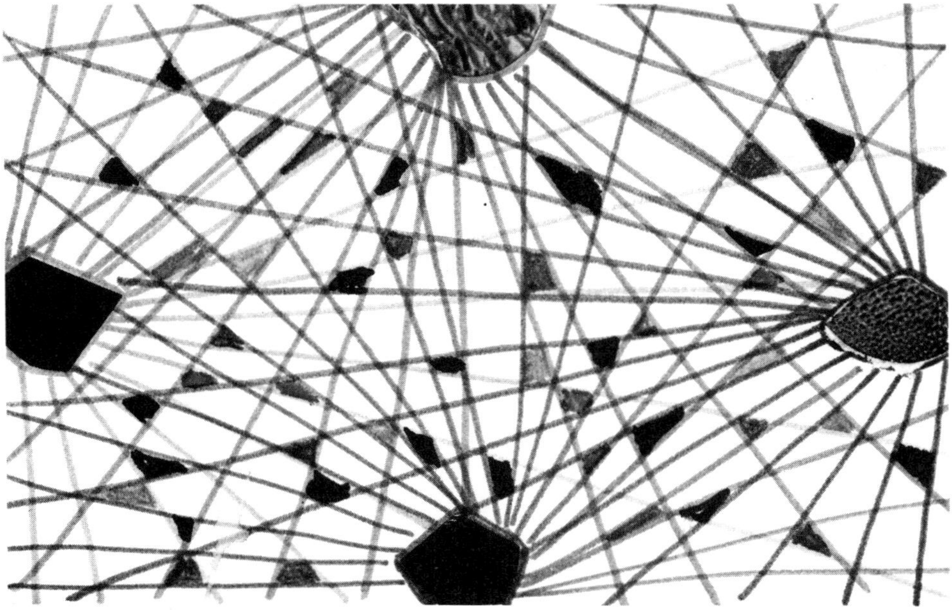

3. Même tracé en partant de chaque forme.
Il peut colorier quelques petites formes.

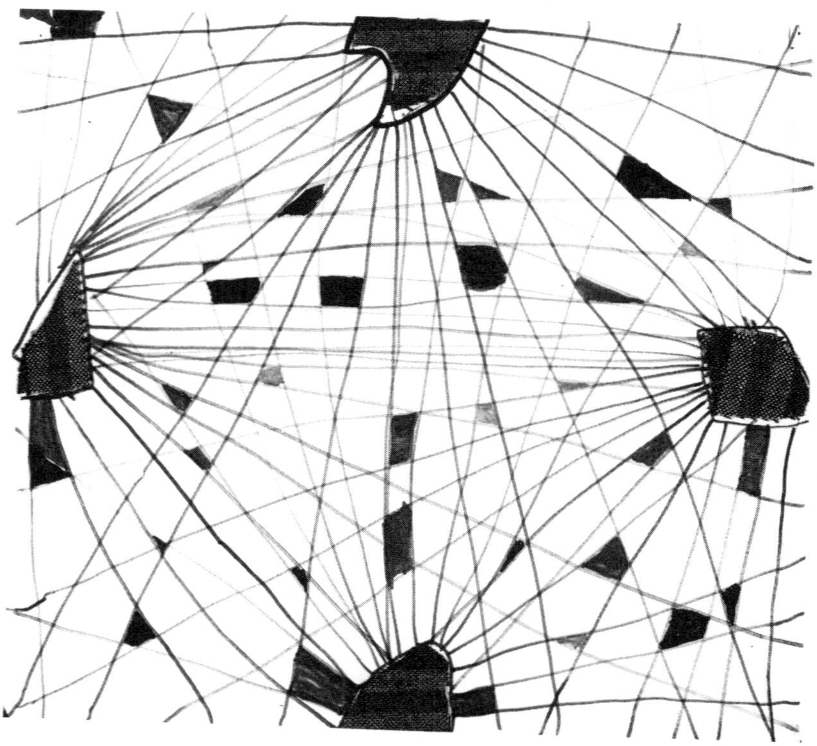

Section des grands
Format 31/34 cm

collage : tissu
scripteurs : feutres

JEU DE DROITES 46

Sections : M.G.CP

1. L'enfant colle trois petites formes quelconques : la première au milieu et contre le bord supérieur de la feuille, la troisième au milieu et assez loin du bord inférieur de la feuille, et la deuxième entre les deux formes (sur point de repère).

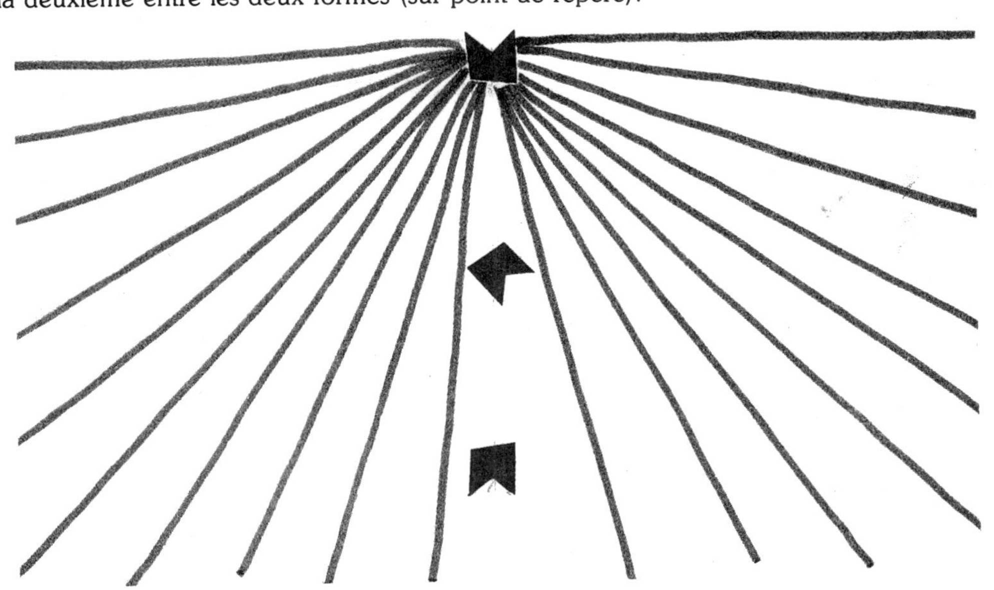

2. Partant de la forme en haut de la feuille, il trace des lignes droites rayonnantes jusqu'aux bords de la feuille.

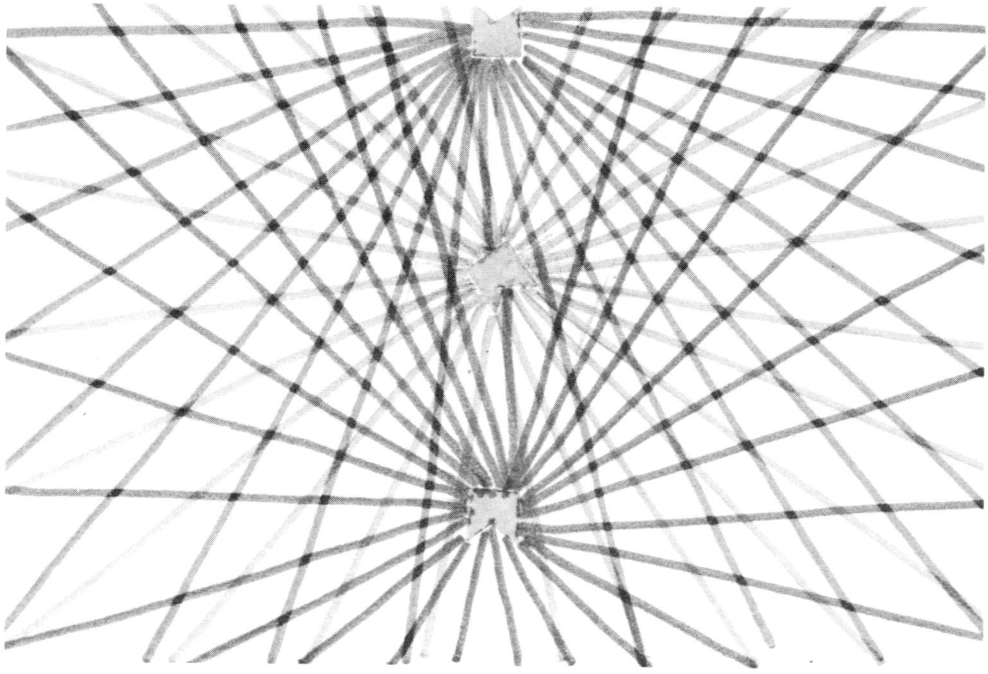

3. Même tracé à partir des deux autres formes.

4. Il colorie quelques formes obtenues.

JEU DE DROITES

47

Sections : M.G.CP

1. L'enfant marque quelques points (3, 4, 5...) n'importe où sur la feuille. Il joint deux points quelconques par une ligne droite et joint les autres points (ordre quelconque) de la même manière, en revenant à son point de départ.

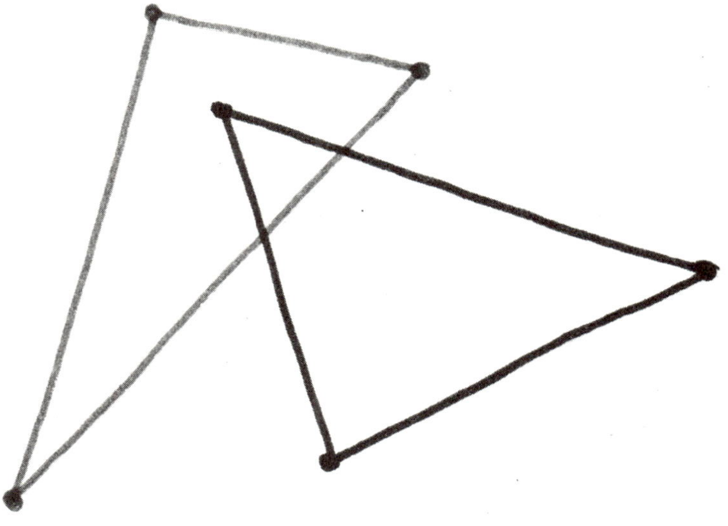

2. Il marque le même nombre de points (ou nombre différent) n'importe où sur la feuille et les joint comme précédemment.

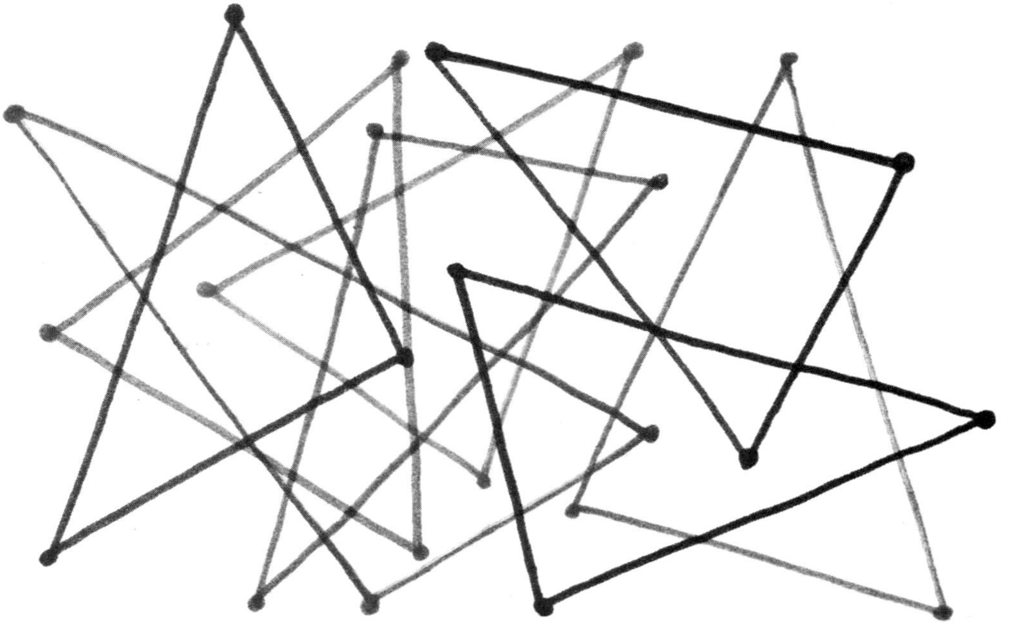

3. Il fait 4, 5, 6… tracés.

4. Il colorie, décore les formes obtenues (quelques-unes ou toutes).

JEU DE DROITES

48

Sections : M.G.CP

1. L'enfant découpe ou déchiquète une forme quelconque (papier...). Il la colle au centre de la feuille sur un point de repère.

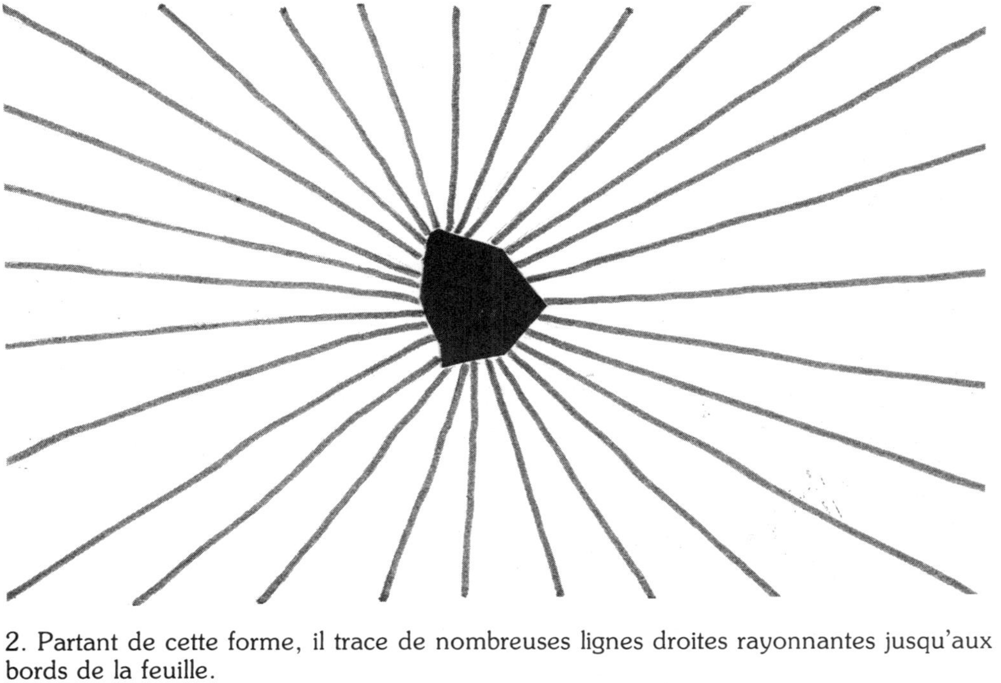

2. Partant de cette forme, il trace de nombreuses lignes droites rayonnantes jusqu'aux bords de la feuille.

3. Dans chaque secteur, il trace des lignes droites joignant deux rayons (orientations variées).

4. Il colorie quelques formes obtenues.

Corlet, Imprimeur, S.A. 14110 Condé-sur-Noireau (France) - N° d'Éditeur : 10031805 - (VI) - 31,5 - OSBB 150° - N° d'Imprimeur : 14256 - Dépôt légal : décembre 1995 - Imprimé en C.E.E.